DAPUR KUNO: MEMASAK DENGAN BAHAN YANG DIPUJI MASA

Menghidupkan Tradisi melalui 100 Hidangan Kaya

Kum Xiao Jao

Bahan Hak Cipta ©2023

Hak cipta terpelihara

Tiada bahagian buku ini boleh digunakan atau dihantar dalam apa jua bentuk atau dengan sebarang cara tanpa kebenaran bertulis yang sewajarnya daripada penerbit dan pemilik hak cipta, kecuali petikan ringkas yang digunakan dalam semakan . Buku ini tidak boleh dianggap sebagai pengganti nasihat perubatan, undang-undang atau profesional lain.

ISI KANDUNGAN

ISI KANDUNGAN 3
PENGENALAN 6
SARAPAN PAGI DAN SARAPAN 7
    1. Telur Benedict dengan Salmon 8
    2. Quiche Tomato Pusaka Panggang 10
    3. Wafel Roti Jagung Blueberry 13
    4. Pancake Kacang Pisang 15
    5. Roti Bakar Perancis Terbaik 17
    6. Karamel Pecan Cinnamon Rolls 19
    7. Biskut Ubi 22
    8. Udang, Sosej Andouille dan Bubur jagung 24
    9. Hash Brisket 26
    10. Burrito Sarapan Cajun 28
    11. Telur Dadar Udang dan Ketam 30
    12. Bubur jagung C berkrim 32
SNEKATAN DAN PEMBUAT PEMAPIS 34
    13. Peluncur Udang 35
    14. Gulung Telur Babi Kreol dan Udang 37
    15. Sayap Lada Limau Goreng 39
    16. Burger Quattro Formaggi dengan Lobak Pusaka 41
    17. Celup Jagung Berempah 44
    18. Cod, Ahi, Dan Tomato Ceviche Pusaka 46
    19. Telur Syaitan Ketam dengan Bacon 48
    20. Sayap Turki Kerbau dengan Saus Keju Biru 50
    21. Celup Kentang Bakar Sarat 52
    22. Lobak dan Sawi Hijau dengan Babi Garam 54
    23. Nachos Kerepek Flax dengan Salsa Tomato Pusaka 56
    24. Kobis Rebus dengan Kalkun Asap 58
    25. Burger Kambing Dan Harissa dengan Lobak Pusaka 60
    26. Acar Goreng 62
    27. Kroket Salmon 64
    28. Lada Sumbat Makanan Laut 66
    29. Churros dengan Gula Bunga-Halia 68
SAMPINGAN 71
    30. Kacang Hijau, Kentang, dan Bacon 72
    31. Pai Tomato Cheesy 74
    32. Makaroni Makanan dan Keju 76
    33. Kentang Pukul Cheesy 79
    34. Keladi Bakar 81
    35. Kentang dan Sosej yang Direndam 83
    36. Bendi dan Tomato 85
    37. Kacang Pinto dan Ham Hocks 87
    38. Kacang Merah dan Beras 89
    39. Gaya Makanan Kacang Lima 91

40. Kacang Bakar	93
41. Pembalut Roti Jagung	95
42. Succotash	97
43. Roti Jagung Manis	99
44. Hush Puppies	101
45. Beras Merah	103
46. Gulung Yis Tarik Terpisah	105

SALAD DAN COLESLAW **107**

47. Ayam Bakar Salad Cobb	108
48. Cawan Salad Ketam	110
49. Salad Louie	112
50. Salad Kacang Hitam Mata	114
51. Salad Kentang Selatan	116
52. Salad Makaroni Makanan Laut	118
53. Coleslaw	120
54. Makanan Kolar Hijau	122
55. Salad tomato dan nektarin pusaka	124

SANDWICH DAN WRAP **126**

56. Keju Pimento dan Sandwic Tomato	127
57. Keju Bakar Ketam dan Lobster	130
58. Slow Cooker BBQ Tarik Babi	132

SUP, REBUS DAN KARI **134**

59. Kerang, Udang dan Sup Ketam	135
60. Brunswick Stew	137
61. Gumbo	139
62. Shrimp Étouffée	142
63. Rebus Ekor Lembu	144

BBQ DAN GRILL **146**

64. Po'boys Udang Bakar	147
65. Tulang Rusuk BBQ Dibakar Ketuhar	149
66. Tulang Rusuk Goreng	151
67. Lada Limau dan Rusuk Desa Madu	154
68. Pemasak Perlahan Babi Panggang Sumbat Bawang Putih	156
69. Brisket Daging Lembu Periuk Perlahan	158
70. Pemasak Perlahan Ekor Lembu Tersumbat	160
71. Bebola daging berbalut Bacon	162

UTAMA **164**

72. Udang dan Tiram Goreng Cajun	165
73. Salmon salai	167
74. Ikan Keli Goreng	169
75. Gulung Kubis Sumbat Jambalaya	171
76. Spaghetti Bakar	174
77. Steak Goreng Ayam dengan Kuah Sosej	176
78. Daging Babi Goreng Kuali	179
79. Ayam Cornish	181
80. Lasagna Skuasy Butternut	183

81. Kaserol Kacang Hijau	185
82. Sup Musim Sejuk Parsnip	187
83. Roulade Dengan Bayam & Cendawan	189
84. Kari Kelapa Chickpea Labu	192
PENJERAHAN	**194**
85. Peach Cobbler	195
86. Kek Red Velvet	197
87. Puding Roti dengan Sos Rum	200
88. Tukang kasut Berry Campuran dengan Biskut Gula	202
89. Bar Lemon Mudah	205
90. Bar Kastard Telur	207
91. Pai Ubi	209
92. Pai Susu Mentega Lama	212
93. Kek Coklat Buttermilk	214
94. Kek Paun Kelapa Lemon	216
95. Kek Span Ubi	218
96. Kek Praline Bundt	220
97. Kek Keju Terbalik Nanas	223
98. Puding Beras	226
99. Puding Pisang	228
100. Pai Periuk Ketam, Udang dan Udang Udang	231
PENUTUP	**233**

PENGENALAN

Selamat datang ke " DAPUR KUNO: MEMASAK DENGAN BAHAN YANG DIPUJI MASA," karya kulinari yang menjemput anda untuk memulakan perjalanan deria melalui permaidani yang kaya dengan sejarah masakan. Dalam dunia di mana trend datang dan pergi, terdapat sesuatu yang abadi dan mendalam tentang perisa yang telah bertahan dalam ujian masa—rasa yang ditenun ke dalam fabrik warisan masakan kolektif kami. Buku masakan ini bukan sekadar ringkasan resipi; ia adalah perayaan cerita, tradisi dan cita rasa yang telah dipelihara dan diwarisi turun-temurun dengan penuh kasih sayang. Sambil kita melangkah ke alam "DAPUR ANCIENT," bayangkan dapur yang dipenuhi dengan gema tawa, bisikan rahsia keluarga dan aroma yang membawa anda ke hati kenangan terindah. Setiap resipi dalam koleksi ini adalah bukti ketahanan bahan-bahan yang telah mengharungi pasir zaman, membawa bersama mereka kisah-kisah petani, tukang masak, dan generasi keluarga yang telah memupuk dan mengekalkan khazanah masakan ini. Dalam penerokaan masakan ini, kami menyelidiki akar perisa, membuka kunci intipati bahan pusaka yang telah ditanam dan diturunkan dengan teliti, selalunya dari benih ke benih. Ini bukan sekadar buku masakan; ia merupakan satu pengalaman yang mengasyikkan ke dalam dunia warisan masakan, di mana alkimia memasak ialah bentuk seni yang menghubungkan kita dengan akar umbi dan tradisi yang menentukan identiti masakan kita.

Sama ada anda seorang tukang masak yang berpengalaman atau orang baru di dapur, "DAPUR KUNO" ialah panduan anda untuk memasak dengan niat dan menikmati kedalaman perisa yang hanya boleh ditawarkan oleh bahan-bahan tertua zaman. Sertai saya dalam menemui semula kegembiraan memasak sebagai tindakan bercerita, di mana setiap hidangan adalah satu bab dalam buku warisan masakan kami.

Jadi, biarkan perjalanan bermula—perjalanan melalui 100 hidangan yang kaya dan berperisa yang merapatkan jurang antara masa lalu dan masa kini, menghubungkan kita dengan cita rasa yang telah membentuk budaya dan komuniti kita. Semoga dapur anda dipenuhi bukan sahaja dengan aroma periuk yang membara tetapi dengan gema cerita yang diceritakan melalui bahasa makanan. Selamat datang ke dapur di mana bahan-bahan yang dihormati masa bukan sahaja komponen resipi tetapi pembawa tradisi, rasa dan semangat kecemerlangan masakan yang berkekalan.

SARAPAN DAN BRUNCH

1. Telur Benedict dengan Salmon

Membuat: 8 Hidangan

BAHAN-BAHAN:
- 4 keping muffin Inggeris, belah
- 1 paun salmon salai
- 8 biji telur, rebus
- Pasli segar yang dicincang
- Lada hitam kasar

UNTUK SOS HOLANDAISE :
- 1 biji kuning telur
- 1 sudu teh jus lemon segar
- 1 sudu besar air
- 1 cawan (2 batang) mentega masin, cair
- 2 sudu sos Tabasco
- ½ sudu teh lada putih kisar
- 1 sudu teh garam halal

ARAHAN

a) Letakkan muffin Inggeris di atas pinggan individu, kemudian letakkan setiap satu daripadanya dengan ¼ paun salmon salai dan telur rebus. Tetapkan ke tepi.

b) Masukkan semua bahan untuk sos hollandaise ke dalam pengisar, kemudian kisar bahan sehingga sebati.

c) Siramkan sos hollandaise ke atas telur. Taburkan pasli dan lada hitam di atas, hidangkan, dan nikmati!

2.Quiche Tomato Pusaka Panggang

Membuat: 4 Hidangan

BAHAN-BAHAN:
- 3 biji tomato pusaka aneka, dibiji dan dihiris nipis
- ½ (14.1-auns) bungkusan piecrust yang disejukkan, dibawa ke suhu bilik
- Tepung serbaguna
- 4 biji telur besar
- 1 cawan susu penuh
- ½ cawan bawang merah yang dicincang (daripada 1 bawang kecil 6-auns)
- 1 sudu teh garam halal
- ¼ sudu teh serbuk bawang putih
- ¼ sudu teh lada hitam
- 5 auns keju Colby-Jack, dicincang (kira-kira 1 ¼ cawan), dibahagikan
- ¾ cawan daging masak dan hancur (kira-kira 8 keping), dibahagikan
- Daun bawang cincang

ARAHAN:
a) Panaskan ketuhar anda hingga 350°F, letakkan rak di bahagian ketiga bahagian bawah ketuhar. Lapik loyang berbingkai besar dengan aluminium foil.
b) Letakkan kepingan tomato dalam satu lapisan pada lembaran pembakar. Panggang mereka dalam ketuhar yang telah dipanaskan sehingga ia menghasilkan pinggir coklat muda, yang sepatutnya mengambil masa kira-kira 30 minit. Ketepikan tomato panggang tetapi biarkan ketuhar dihidupkan.
c) Semasa tomato dibakar, gulungkan doh pai di atas permukaan yang ditaburkan tepung sehingga membentuk bulat 12 inci.
d) Letakkan doh yang telah digulung dalam pinggan pai dalam 9 inci yang tidak digris, tekan ke bahagian bawah dan sisi pinggan. Lipat lebihan doh di bawah tepi dan kelimkan seperti yang dikehendaki. Letakkan kerak di dalam peti sejuk sehingga ia menjadi sejuk, kira-kira 5 hingga 15 minit.
e) Dalam mangkuk besar, pukul bersama telur, susu, bawang merah cincang, garam halal, serbuk bawang putih, lada hitam, 1 cawan keju parut, dan ½ cawan daging hancur sehingga adunan sebati.
f) Bakar quiche pada suhu 350°F sehingga isian ditetapkan separa, yang sepatutnya mengambil masa kira-kira 25 minit.

g) Keluarkan quiche dari ketuhar dengan berhati-hati dan susun hirisan tomato panggang di atasnya dengan rata. Taburkan baki ¼ cawan keju dan ¼ cawan bacon ke atas tomato.

h) Kembalikan quiche ke ketuhar 350°F dan teruskan membakar sehingga inti ditetapkan sepenuhnya dan kerak bertukar menjadi perang keemasan, kira-kira 20 minit.

i) Biarkan quiche sejuk sedikit di atas rak dawai selama kira-kira 30 minit. Hiaskan dengan daun bawang cincang dan hidangkan semasa masih hangat.

j) Nikmati Heirloom Tomato Quiche anda yang lazat!

3.Wafel Roti Jagung Blueberry

Membuat: 4 HINGGA 6 Hidangan

BAHAN-BAHAN:
- 1½ cawan tepung serba guna
- ½ cawan tepung jagung kuning
- ¼ cawan gula pasir
- ½ sudu teh garam halal
- 1½ sudu teh serbuk penaik
- 1¼ cawan mentega
- 2 biji telur, dipukul sedikit
- ½ cawan (1 batang) mentega tanpa garam, cair
- ¾ cawan beri biru beku, dicairkan

ARAHAN

a) Panaskan seterika wafel anda.

b) Dalam mangkuk adunan besar, satukan tepung, tepung jagung, gula, garam dan serbuk penaik. Gaulkan bahan kering sehingga sebati.

c) Di tengah-tengah bahan kering, buat perigi kecil. Masukkan buttermilk, telur dan mentega cair. Gaul dengan whisk hingga sebati. Kemudian lipat blueberry ke dalam adunan.

d) Sembur seterika wafel dengan semburan masak nonstick. Letakkan 1 hingga 1½ cawan adunan ke atas seterika, dan masak sehingga bahagian luarnya bagus dan garing. Ulang sehingga tiada lagi adunan. Hidangkan dan nikmati dengan topping kegemaran anda.

4.Lempeng Kacang Pisang

Membuat: 6 HINGGA 10 Hidangan

BAHAN-BAHAN:
- 1 cawan tepung serba guna
- 2 sudu besar gula perang gelap
- 1 sudu kecil serbuk penaik
- ½ sudu teh baking soda
- 1 sudu teh kayu manis tanah
- ½ sudu teh pala tanah
- ½ sudu teh garam halal
- 1 pisang masak besar, tumbuk
- 1 cawan buttermilk
- 1 biji telur, dipukul sedikit
- 2 sudu besar mentega tanpa garam, cair
- 2 sudu teh ekstrak vanila
- ¼ cawan pecan cincang
- Minyak sayuran, untuk kuali

ARAHAN

a) Dalam mangkuk besar, satukan tepung, gula, serbuk penaik, soda penaik, kayu manis, pala dan garam. Pukul sehingga semuanya sebati, kemudian letakkan mangkuk ke tepi.

b) Seterusnya, dalam mangkuk sederhana yang berasingan, satukan pisang lecek, susu mentega, telur, mentega cair, dan vanila. Gaulkan bahan-bahan menggunakan pengadun genggam sehingga sebati.

c) Buat perigi kecil di tengah-tengah bahan-bahan kering, dan tuangkan bahan-bahan basah ke dalamnya. Gunakan pengadun pegang tangan untuk mencampurkan bahan-bahan semula. Taburkan pecan, kemudian masukkan ke dalam adunan. Letakkan mangkuk ke tepi.

d) Minyakkan sedikit kuali bersaiz sederhana dan letakkan di atas api sederhana. Apabila kuali panas, tuangkan kira-kira ½ cawan adunan pancake. Masak sehingga tepi keemasan dan buih terbentuk, kira-kira 2 minit. Balikkan pancake dan masak selama 2 minit lagi. Ulang sehingga tiada lagi adunan. Hidangkan dan nikmati dengan topping kegemaran anda.

5.Roti Bakar Perancis Terunggul

Membuat: 12 Hidangan

BAHAN-BAHAN:
- 3 biji telur
- 2 cawan susu penuh
- 1 sudu besar gula perang
- 1 sudu besar gula pasir
- 2 sudu teh ekstrak vanila
- 2 sudu teh kayu manis tanah
- ¼ sudu teh pala tanah
- ¼ cawan mentega tanpa garam, cair
- 12 keping roti bakar Perancis atau roti yang dihiris tebal

ARAHAN

a) Dalam mangkuk atau pinggan besar, pecahkan telur dan pukul. Tuangkan susu dan masukkan gula, vanila, kayu manis, dan buah pala. Kacau hingga sebati, kemudian tuangkan mentega cair dan kacau lagi.

b) Mula menambah 1 hingga 2 keping roti pada satu masa ke dalam campuran susu dan telur. Biarkan setiap kepingan kekal dalam campuran basah selama kira-kira 10 saat.

c) Sembur kuali besar atau griddle anda dengan semburan masak nonstick dan letakkan di atas api sederhana. Setelah kuali/griddle panas, masukkan roti 2 hingga 4 keping pada satu masa. Masak setiap bahagian roti sehingga ia elok dan perang keemasan. Hidangkan segera dengan mentega, sirap, gula tepung atau topping kegemaran anda.

6.Karamel Pecan Cinnamon Rolls

Membuat: 8 HINGGA 12 GULUNG

BAHAN-BAHAN:
UNTUK doh:
- ½ cawan air suam
- Pakej 0.75-auns (6¾ sudu teh) yis bertindak pantas
- 2 sudu besar ditambah 1 sudu teh gula pasir, dibahagikan
- 5 auns susu sejat, suam
- 5 sudu besar minyak sayuran, ditambah lagi untuk mangkuk
- 1 biji telur, dipukul
- 1 sudu besar ekstrak vanila
- 1 sudu teh garam halal
- 4½ cawan tepung kek

UNTUK PENGISIAN:
- 1¼ cawan (2½ batang) mentega tanpa garam, pada suhu bilik, ditambah lagi untuk pelinciran
- ½ cawan gula perang
- ¼ cawan gula pasir
- 1 sudu teh kayu manis tanah
- ½ sudu teh pala tanah

UNTUK ICE:
- 2 sudu besar mentega tanpa garam, pada suhu bilik
- 2 auns krim keju, pada suhu bilik
- 3 sudu besar susu penuh
- 2 sudu teh ekstrak vanila
- 3 cawan gula halus

TOPIS :
- ½ cawan pecan cincang
- ½ hingga ¾ cawan sos karamel, dibeli di kedai

ARAHAN

a) Tuangkan air suam ke dalam mangkuk adunan besar atau mangkuk pengadun berdiri, kemudian taburkan yis dan 1 sudu teh gula. Gaul sehingga sebati, kemudian biarkan selama lebih kurang 7 minit atau sehingga yis berbuih.

b) Seterusnya, tuangkan susu sejat hangat dan kacau. Masukkan minyak sayuran, telur, vanila, garam, dan baki 2 sudu besar gula. Campurkan bahan pada kelajuan rendah menggunakan pengadun pegang tangan atau berdiri dengan lampiran dayung.

c) Keluarkan bilah adunan dan gantikan dengan cangkuk doh. Dengan pengadun pada kelajuan rendah, perlahan-lahan mula menambah tepung, kira-kira ¼ cawan pada satu masa. Apabila doh telah terbentuk, keluarkan dari mangkuk dan letakkan ke tepi. Sapukan sedikit minyak pada mangkuk, kemudian kembalikan doh ke dalamnya dan tutup dengan tuala bersih. Letakkan doh di tempat yang hangat dan biarkan selama 1½ jam.

d) Selepas doh direhatkan, tebuk bahagian tengah doh untuk mengeluarkan angin. Keluarkan doh dari mangkuk, dan pindahkan ke atas meja yang ditaburi sedikit tepung. Leperkan doh menggunakan rolling pin.

e) Dalam mangkuk besar, satukan mentega, gula, kayu manis, dan buah pala. Gaul hingga sebati, kemudian sapukan adunan mentega di atas doh. Gulungkan doh, kemudian potong 8 hingga 12 gulung.

f) Mentega sedikit hidangan pembakar 9-kali-13 inci, kemudian masukkan ke dalam gulung, tinggalkan satu inci antara setiap satu. Lapikkan tuala bersih di atas pinggan, dan biarkan gulung selama 45 minit. Selepas masa berlalu, buka gulungan. Pada ketika ini, gulung sepatutnya telah meningkat dalam saiz dan harus menyentuh.

g) Panaskan ketuhar hingga 375 darjah F.

h) Bakar gulung selama 15 hingga 20 minit. Keluarkan dari ketuhar dan biarkan sejuk.

i) Dalam mangkuk sederhana, satukan mentega dan keju krim, dan gaul rata menggunakan pengadun genggam. Masukkan susu dan vanila, dan kacau hingga sebati. Kemudian masukkan gula tepung, dan gaul hingga berkrim.

j) Gerimis pada sos aising dan karamel, kemudian taburkan pecan ke atas gulung, Hidangkan dan nikmati!

7.Biskut Keledek

Membuat: 10 HINGGA 12 BISKUT

BAHAN-BAHAN:
- 2 cawan tepung naik sendiri
- 1 sudu besar gula pasir
- ½ sudu teh krim tartar
- ⅛ sudu teh garam halal
- ½ cawan (1 batang) mentega tanpa garam sejuk, dicincang (dengan parutan keju), ditambah lagi untuk menghiasi biskut yang telah dimasak
- ½ cawan keledek tumbuk
- ¾ cawan mentega, sejuk
- Minyak sayuran, untuk pelinciran

ARAHAN
a) Panaskan ketuhar hingga 400 darjah F.
b) Dalam mangkuk adunan besar atau mangkuk pengadun berdiri, satukan tepung, gula, krim tartar dan garam. Ayak atau pukul bahan sehingga sebati. Masukkan mentega dan ubi keledek yang dilecek, dan gaul pada kelajuan sederhana, menggunakan pengadun pegang tangan atau berdiri, selama kira-kira 2 minit. Perlahan-lahan mula tuangkan susu mentega dengan pengadun pada kelajuan sederhana. Gaul sehingga sebati.
c) Apabila doh telah terbentuk, keluarkan dari mangkuk dan leperkan sedikit (pastikan ia setebal kira-kira 1½ inci) di atas permukaan yang ditaburi sedikit tepung menggunakan pin canai. Potong doh kepada 10 atau 12 bahagian.
d) Sapukan sedikit minyak pada hidangan pembakar 9 kali 13 inci dan letakkan biskut di dalam pinggan, tinggalkan ruang kecil di antara setiap biskut. Letakkan biskut di dalam peti sejuk selama 10 minit untuk mendapatkan doh yang elok dan sejuk.
e) Keluarkan dari peti sejuk dan bakar biskut selama 12 hingga 15 minit, atau sehingga ia mula berwarna perang. Setelah siap, sapu mentega di atas biskut semasa ia masih suam. Hidangkan dan nikmati!

8. Udang, Sosej Andouille dan Bubur jagung

Membuat: 4 Hidangan

BAHAN-BAHAN:
- 3 cawan air
- 2 sudu teh garam halal
- ¾ cawan bubur jagung cepat
- 2 sudu besar minyak zaitun extra-virgin
- ½ paun sosej andouille, potong
- hirisan setebal ½ inci
- ½ paun udang mentah besar, dikupas dan dikeringkan
- 1 sudu kecil bawang putih dikisar
- ¼ cawan bawang hijau yang dicincang, ditambah lagi untuk hiasan
- 2 sudu teh perasa Cajun
- ½ sudu teh lada hitam tanah
- 3 sudu besar mentega masin

ARAHAN

a) Dalam periuk sederhana dengan api besar, tuangkan air dan garam. Sebaik sahaja cecair mula mendidih, segera kecilkan api ke sederhana. Kacau cecair, dan taburkan secara beransur-ansur dalam bubur jagung. Biarkan bubur jagung masak sehingga ia pekat dan menjadi elok dan berkrim (biasanya 30 hingga 35 minit), dan pastikan sentiasa kacau.

b) Semasa bubur jagung masak, ambil kuali dan gerimis dalam minyak zaitun. Panaskan minyak di atas api sederhana tinggi, kemudian masukkan sosej andouille. Masak selama 5 hingga 7 minit, atau sehingga ia berwarna perang, kemudian masukkan udang, bawang putih, dan bawang hijau. Taburkan perasa Cajun dan lada hitam.

c) Masak selama 5 minit lagi, kemudian tutup api. Apabila bubur jagung telah pekat, masukkan mentega dan kacau.

d) Piringkan bubur jagung, kemudian masukkan sosej, udang, dan bawang di atas. Hiaskan dengan bawang hijau tambahan.

9.Hash Brisket

Membuat: 6 Hidangan

BAHAN-BAHAN:
- 6 keping bacon yang dipotong tebal
- ¼ cawan minyak sayuran
- 2¾ cawan gula merah beku, dicairkan
- 1 lada benggala merah sederhana, dipotong dadu
- 1 biji bawang besar kuning, potong dadu
- 2 cawan daging lembu cincang
- 1 sudu kecil serbuk bawang putih
- 1 sudu teh garam halal
- ½ sudu teh lada hitam tanah
- ¼ cawan bawang hijau dicincang

ARAHAN
a) Letakkan kuali besar di atas api sederhana, kemudian masukkan bacon. Masak daging selama kira-kira 5 minit, atau sehingga ia bagus dan garing. Keluarkan bacon dari kuali, tetapi biarkan lemak yang dihasilkan. Tetapkan bacon ke tepi untuk menyejukkan.
b) Masukkan minyak sayuran ke dalam kuali, dan biarkan ia panas dengan api sederhana. Setelah minyak elok dan panas, masukkan gula merah. Masak kentang sehingga ia keemasan dan lembut, biasanya kira-kira 7 minit.
c) Masukkan lada dan bawang besar. Masak selama 5 minit. Kemudian masukkan daging lembu yang dicincang dan taburkan serbuk bawang putih, garam dan lada sulah. Kacau bahan, dan biarkan masak selama 7 minit lagi.
d) Hancurkan bacon yang anda masak tadi, dan masukkan ke dalam kuali bersama bawang hijau. Campurkan bahan, dan tutup api. Hidangkan dan nikmati dengan hidangan sarapan kegemaran anda.

10. Burrito Sarapan Cajun

Membuat: 6 Hidangan

BAHAN-BAHAN:
- 2 sudu besar minyak sayuran
- 1 paun sosej andouille, dipotong dadu
- 1 cawan coklat hash beku, dicairkan
- 1 lada benggala merah besar, potong dadu
- ½ bawang merah sederhana, dipotong dadu
- 7 biji telur, dipukul
- ½ cawan keju cheddar yang dicincang
- ½ cawan keju jek lada yang dicincang
- 6 tortilla tepung besar, dipanaskan

ARAHAN
a) Tetapkan kuali nonstick yang besar atau kuali besi tuang yang dibumbui dengan baik di atas api sederhana, dan gerimis dalam minyak sayuran. Apabila minyak telah panas, toskan sosej ke dalam kuali dan masak sehingga ia sedikit keperangan.
b) Seterusnya, masukkan kentang goreng, lada dan bawang. Masak semuanya selama 4 hingga 5 minit, atau sehingga ia lembut. Keluarkan bahan dari kuali.
c) Tuangkan telur ke dalam kuali yang sama dan masak hingga kematangan yang diingini, kemudian keluarkan telur dari kuali. Tutup api.
d) Dalam mangkuk besar, satukan telur dengan bahan-bahan lain. Taburkan keju dan kacau.
e) Letakkan tortilla hangat di atas permukaan rata, dan tambahkan ½ cawan inti di atas setiap satu. Gulungkan tortilla, hidangkan dan nikmatilah!
f) Untuk memanaskan badan, cairkan burrito, kemudian panaskan dalam ketuhar pada 350 darjah F selama 10 hingga 15 minit.

11. Telur Dadar Udang dan Ketam

Membuat: 1 HIDANGAN

BAHAN-BAHAN:
- 4 biji telur
- 3 sudu besar krim kental
- Garam kosher dan lada hitam, secukup rasa
- 1 sudu besar minyak zaitun
- ¼ cawan cendawan dihiris
- ¼ cawan bayam segar
- ¼ cawan daging udang masak
- ¼ cawan ketulan daging ketam
- ¼ cawan keju Havarti yang dicincang

ARAHAN
a) Dalam mangkuk adunan kecil, satukan telur dan krim kental dan pukul sehingga sebati. Taburkan garam dan lada sulah, dan campurkan. Tetapkan ke tepi.
b) Tuangkan minyak zaitun ke dalam kuali besar di atas api sederhana. Apabila minyak telah panas, toskan cendawan dan bayam ke dalam kuali, dan masak sehingga empuk. Keluarkan dari kuali dan letakkan ke tepi.
c) Tuangkan telur dan masak selama 2 minit. Taburkan udang, ketam, keju, cendawan, dan bayam. Lipat telur dadar separuh dan masak selama 2 minit lagi, kemudian keluarkan dari kuali. Hidangkan dan nikmati!

12. Bubur jagung Cheesy berkrim

Membuat: 4 HINGGA 6 Hidangan

BAHAN-BAHAN:
- 3 cawan air
- ½ cawan krim berat
- 1 cawan bubur jagung cepat
- 4 sudu besar mentega masin
- 1 sudu teh garam halal
- ½ sudu teh lada hitam tanah
- ½ cawan keju Havarti berkrim yang dicincang
- ½ cawan keju cheddar tajam yang dicincang

ARAHAN
a) Dalam periuk sederhana dengan api yang tinggi, tuangkan air dan krim pekat. Setelah mendidih penuh, taburkan bubur jagung dan pukul. Kecilkan api ke sederhana rendah dan masak selama 30 hingga 35 minit, kacau sekali-sekala untuk mengelakkan berketul.
b) Masukkan mentega, dan taburkan garam, lada sulah, dan keju. Kacau sehingga semuanya bagus dan berkrim dan sebati. Tutup api, kemudian hidangkan bersama hidangan sarapan kegemaran anda.

KUDAPAN DAN PEMBUAT SELERA

13. Peluncur Udang

Membuat: 12 Hidangan

BAHAN-BAHAN:
- 1½ paun udang mentah jumbo, dikupas dan dibuang, dibahagikan
- ¼ cawan bawang hijau dicincang
- 1 sudu kecil bawang putih dikisar
- 1½ sudu teh perasa Creole
- ½ sudu teh lada hitam tanah
- 2 biji telur, dipukul sedikit
- ½ cawan tepung serba guna
- ½ cawan minyak sayuran, untuk menggoreng
- 12 roti gelangsar

ARAHAN

a) Toskan kira-kira tiga perempat daripada udang ke dalam pengisar atau pemproses makanan, dan denyut sehingga udang dikisar dengan baik. Masukkan udang kisar ke dalam mangkuk adunan yang besar.

b) Potong udang yang tinggal menjadi kepingan kecil, dan toskan ke dalam mangkuk bersama udang yang telah dikisar. Masukkan bawang hijau, bawang putih, perasa Creole, dan lada hitam. Gaul sebati.

c) Tuangkan telur yang telah dipukul dan gunakan tangan atau perkakas dapur untuk mengadun. Taburkan tepung dan gaul sehingga sebati.

d) Bentuk 12 patties daripada bancuhan udang dan letakkan di tepi.

e) Tuangkan minyak sayuran ke dalam kuali besar di atas api sederhana. Setelah minyak panas, mula masukkan udang, 3 hingga 4 patties pada satu masa. Masak setiap sisi selama 5 minit sehingga perang keemasan.

f) Letakkan patties udang pada roti gelangsar, dan biarkan tetamu menambah topping yang mereka kehendaki.

14. Gulung Telur Babi dan Udang Kreol

Membuat: 12 Hidangan

BAHAN-BAHAN:
- ½ paun daging babi yang dikisar
- ¼ cawan bawang merah cincang
- 2 sudu besar lada benggala hijau dipotong dadu
- 1 sudu kecil bawang putih dikisar
- 2½ sudu teh perasa Creole
- ½ paun udang mentah sederhana, dikupas, dikupas dan dicincang kasar
- 1 bungkus pembungkus telur gulung
- 1 biji telur, dipukul, untuk menutup gulungan
- 2 cawan minyak sayuran, untuk menggoreng

ARAHAN

a) Dalam kuali besar di atas api sederhana, perangkan daging babi yang dikisar. Setelah keperangan, toskan lemak dari kuali ke dalam balang dan buang.

b) Masukkan bawang, lada, bawang putih, dan perasa Creole. Masak sehingga bawang dan lada empuk, kemudian masukkan udang dan masak selama 2 minit lagi. Tutup api.

c) Letakkan pembungkus gulungan telur di atas permukaan rata, masukkan inti di atas, kemudian gulung. Sapu telur pada jahitan untuk membantu menutup gulungan.

d) Tuangkan minyak sayuran ke dalam penggorengan dalam atau kuali. Goreng telur gulung sehingga ia elok dan keemasan.

e) Biarkan sejuk di atas rak dawai, kemudian hidangkan bersama sos pencicah kegemaran anda.

15. Sayap Lada Limau Goreng

Membuat: 4 Hidangan

BAHAN-BAHAN:
- ¼ cawan jus lemon
- 2 paun kepak ayam
- 2 sudu teh serbuk bawang putih, dibahagikan
- 2 sudu teh serbuk bawang, dibahagikan
- 1 sudu teh Perasa Teluk Lama
- 1½ cawan tepung serba guna
- 2 sudu kecil lada lemon
- 1 sudu teh serpihan pasli kering (pilihan)
- 2 cawan minyak sayuran, untuk menggoreng

ARAHAN

a) Dalam mangkuk adunan yang besar, tuangkan jus lemon ke atas ayam, kemudian perasakan ayam dengan 1 sudu teh serbuk bawang putih, 1 sudu teh serbuk bawang, dan Perasa Teluk Lama. Gunakan tangan anda untuk melambung ayam dan pastikan ia disalut dengan perasa.

b) Dalam mangkuk bersaiz sederhana, masukkan tepung, baki 1 sudu teh serbuk bawang putih dan 1 sudu teh serbuk bawang, lada lemon dan serpihan pasli. Gunakan tangan atau perkakas anda untuk memastikan perasa diedarkan dengan baik ke seluruh tepung. Salutkan kepak ayam dengan tepung berperisa, dan ketepikan di atas pinggan.

c) Dalam penggoreng atau kuali anda, tuangkan minyak. Panaskan minyak hingga 350 hingga 360 darjah F. Masukkan ayam ke dalam minyak panas dan goreng hingga kekuningan. Untuk memastikan ia selesai, tusuk ayam hingga ke tulang dengan pisau atau garpu kecil. Jika tiada darah kelihatan, ayam sudah siap.

d) Letakkan ayam di atas loyang atau pinggan yang dialas dengan tuala kertas selama 2 minit untuk menyejukkan sedikit. Hidangkan bersama hirisan lemon atau sos pencicah kegemaran anda.

16.Quattro Formaggi dengan Lobak Pusaka

Membuat: 4

BAHAN-BAHAN:
- ½ cawan (125ml) susu
- 2 keping (80g) roti masam putih, kerak dikeluarkan
- 700g daging cincang berkualiti baik
- 100g bintik, dipotong, dicincang halus
- 1 biji telur, dipukul sedikit
- 2 sudu besar daun kucai dicincang halus
- 1 biji bawang besar, dipotong, dicincang halus
- ¼ sudu teh pala tanah
- ¼ cawan (20g) parmesan parut
- ¼ cawan (20g) pecorino parut
- 4 keping keju fontina
- 4 keping keju Manchego
- 4 roti burger brioche, dibakar ringan
- 1 baby cos salad, daun diasingkan
- 265g tomato pusaka besar, dihiris tebal
- Hirisan jeruk timun, sos barbeku dan kerepek panas, untuk dihidangkan

ARAHAN:
a) Letakkan susu ke dalam mangkuk sederhana. Masukkan roti dan rendam selama 5 minit. Perah roti perlahan-lahan dan buang lebihan susu.
b) Pindahkan roti yang telah direndam ke dalam mangkuk besar bersama-sama dengan daging cincang, bintik-bintik yang dicincang halus, telur yang dipukul, daun kucai yang dicincang halus, bawang besar yang dicincang halus, buah pala yang dikisar, parmesan parut dan pecorino parut.
c) Perasakan adunan dengan garam dan lada sulah. Menggunakan tangan anda, kacau untuk menggabungkan semua bahan. Bahagikan adunan kepada empat biji burger. Letakkannya di atas pinggan, tutupnya, dan sejukkan selama 30 minit untuk mengeraskannya.
d) Panaskan kuali barbeku atau non-stick chargrill di atas api yang sederhana tinggi.
e) Masak burger patties selama 4-5 minit pada setiap sisi sehingga ia masak mengikut citarasa anda. Hiaskan setiap patty dengan sekeping fontina dan sekeping Manchego. Tutup mereka dengan penutup selama 1 minit untuk membolehkan sisa haba mencairkan keju.

HIMPUNKAN BURGER:
f) Sapukan sos barbeku pada pangkal setiap roti. Kemudian, taburkan dengan salad, roti burger, tomato yang dihiris tebal dan jeruk. Tutup dengan penutup sanggul. Hidangkan dengan kerepek panas.
g) Nikmati Burger Quattro Formaggi (Empat Keju) yang lazat, terutamanya apabila digandingkan dengan roses kering!

17.Celup Jagung Pedas

Membuat: 6 Hidangan

BAHAN-BAHAN:
- 1 sudu besar minyak zaitun extra-virgin
- ½ paun sosej Itali pedas
- 1 biji bawang merah sederhana, potong dadu
- 1 lada benggala merah besar, potong dadu
- 1 cawan krim masam
- 4 auns krim keju, pada suhu bilik
- 4 cawan jagung beku, dicairkan
- ½ cawan bawang hijau dicincang
- 1 jalapeño besar, dipotong dadu
- 4 ulas bawang putih, cincang
- 1 sudu besar ketumbar cincang
- 2 sudu teh perasa Creole
- 1 sudu kecil lada hitam dikisar
- 1 cawan keju cheddar tajam yang dicincang, dibahagikan
- 1 cawan keju Colby Jack yang dicincang, dibahagikan
- Minyak sayuran, untuk pelinciran

ARAHAN

a) Panaskan ketuhar hingga 350 darjah F.

b) Dalam kuali besar di atas api sederhana, panaskan minyak. Masukkan sosej Itali, dan masak sehingga ia berwarna perang. Masukkan bawang dan lada benggala. Masak sehingga ia empuk.

c) Masukkan krim masam dan keju krim. Kacau sehingga sebati, kemudian masukkan jagung, bawang hijau, jalapeno, bawang putih, dan ketumbar. Teruskan mengacau bahan sehingga semuanya sebati. Taburkan perasa Creole, lada hitam, ½ cawan cheddar dan ½ cawan keju Colby Jack. Gaul sebati.

d) Lumurkan sedikit loyang, kemudian masukkan adunan jagung. Teratas dengan baki keju dan bakar, tanpa penutup, selama 20 minit. Sejukkan sedikit sebelum dihidangkan.

18. Ikan Kod, Ahi, Dan Ceviche Tomato Pusaka

Membuat: 4 Hidangan

BAHAN-BAHAN:
- 1 biji bawang merah bersaiz baik, cincang halus
- 3 jalapeño LG, dibiji dan dikisar
- 2 biji tomato budak kuning, dicincang
- 2 tomato Brandywine, dicincang
- ¾ paun 51-60 kiraan udang masak dikupas dan dibuang ekor
- 2 sudu besar bawang putih kisar
- 1 tandan ketumbar, dicincang
- 1 sudu kecil jintan manis
- 1 sudu kecil serbuk cili
- 2 sudu besar garam halal secukup rasa
- Jus 4 biji limau nipis besar
- 1 ½ paun. ikan tongkol, potong seukuran gigitan
- 4 auns filet ahi tuna, dipotong menjadi kepingan seukuran gigitan
- Topping
- Keju cheddar yang dicincang
- Keju cotija parut
- Sos panas
- Kerang Tostada

ARAHAN:
a) Satukan kedua-dua jenis ikan dan jus limau nipis dalam mangkuk. Sejukkan selama setengah jam. Kacau selalu
b) Satukan bahan-bahan lain kecuali topping dalam mangkuk besar lain. Kacau hingga sebati.
c) Selepas setengah jam, ikan harus legap. Satukan ke dalam mangkuk lain termasuk jus. Kacau hingga sebati. Sejukkan selama setengah jam.
d) Kacau rata lagi. Hidangkan kulit tostada. Teratas dengan ceviche. Masukkan cheddar dan cotija . Siram dengan sos panas. Hidangkan segera. Nikmati.

19.Telur Syaitan Ketam dengan Bacon

Membuat: 14 Hidangan

BAHAN-BAHAN:
- 7 biji telur rebus
- ⅓ cawan mayonis
- 1 sudu teh mustard kuning
- 6 auns daging ketam ketul yang dimasak, ditambah lagi untuk hiasan
- 1 sudu besar rasa dill
- 1 sudu besar bawang cincang
- 1 sudu kecil bawang putih dikisar
- 1½ sudu teh Perasa Teluk Lama
- 5 keping daging masak, dicincang
- Pasli segar yang dicincang (pilihan)

ARAHAN

a) Kupas telur, kemudian potong telur memanjang. Pukul kuning dan masukkan ke dalam mangkuk adunan sederhana. Tumbuk kuning menggunakan garpu sehingga ia bagus dan berkrim. Masukkan mayonis dan mustard, dan gaul sehingga sebati. Tetapkan ke tepi.

b) Petik daging ketam dengan berhati-hati untuk memastikan tiada cangkerang. Kemudian masukkan daging ketam ke dalam adunan kuning telur, diikuti dengan kelazatan, bawang besar, bawang putih, dan Perencah Old Bay. Campurkan bahan.

c) Sumbatkan telur dengan adunan, kemudian tutup dengan bacon yang dihiris dan pasli. Hiaskan dengan ketam tambahan.

20.Sayap Turki Kerbau dengan Saus Keju Biru

Membuat: 4 Hidangan

BAHAN-BAHAN:
- Minyak sayuran, untuk pelinciran
- 1 sudu besar garam perasa
- 1 sudu besar serbuk bawang putih
- 1 sudu besar serbuk bawang
- 1 sudu besar paprika
- 1½ sudu teh lada hitam yang dikisar
- 1 sudu teh garam saderi
- 2 paun sayap ayam belanda, flat dan drum dipisahkan
- 3 sudu besar minyak zaitun
- ¼ cawan mentega masin, cair
- ½ cawan sos panas
- Pembalut keju biru

ARAHAN

a) Panaskan ketuhar hingga 325 darjah F, dan griskan sedikit loyang 9-kali-13 inci.

b) Dalam mangkuk kecil, satukan garam perasa, serbuk bawang putih, serbuk bawang, paprika, lada hitam, dan garam saderi. Gaul rata, kemudian letak ke tepi.

c) Letakkan sayap ayam belanda di dalam loyang dan siramkannya dengan minyak zaitun. Gosokkan minyak ke seluruh sayap untuk memastikan ia bersalut dengan baik . Taburkan adunan perasa ke seluruh bahagian depan dan belakang sayap.

d) Tutup loyang dengan aluminium foil, dan bakar selama 1 jam 35 minit. Kemudian keluarkan dari ketuhar, lumurkan sayap dengan titisan ketuhar, dan letakkan ke tepi.

e) Satukan mentega cair dan sos panas. Gaul rata, kemudian tuang ke seluruh sayap. Letakkan sayap kembali ke dalam ketuhar, tidak bertutup, dan bakar selama 1 jam dan 30 minit lagi.

f) Keluarkan dari ketuhar. Hidangkan bersama sos keju biru untuk kegunaan tetamu sebagai celup.

21. Celup Kentang Bakar yang dimuatkan

Membuat: 8 HINGGA 10 Hidangan

BAHAN-BAHAN:
- 7 biji kentang pembakar jumbo
- 1½ cawan krim masam
- ½ cawan (1 batang) mentega masin, dilembutkan
- 4 auns krim keju
- 2 cawan keju cheddar yang dicincang, dibahagikan
- 8 keping bacon yang dipotong tebal, dimasak dan dihancurkan, dibahagikan
- ½ cawan bawang hijau cincang, dibahagikan
- 2 sudu kecil serbuk bawang putih
- 2 sudu teh garam halal
- 1 sudu kecil lada hitam dikisar
- Minyak sayuran, untuk pelinciran

ARAHAN

a) Panaskan ketuhar hingga 375 darjah F. Semasa ketuhar dipanaskan, basuh dan gosok kentang di bawah air sejuk.

b) Letakkan kentang dalam hidangan kaserol dan bakar selama kira-kira 65 minit, kemudian keluarkan dari ketuhar. Biarkan kentang sejuk. Kurangkan suhu ketuhar kepada 350 darjah F.

c) Dalam mangkuk adunan yang besar, mula mencedok daging kentang. Masukkan krim masam, mentega, dan keju krim, dan gaul sehingga sebati. Taburkan 1 cawan keju yang dicincang, separuh daripada bacon yang hancur, dan semua kecuali 1 sudu besar bawang hijau. Kacau hingga sebati, kemudian masukkan serbuk bawang putih, garam dan lada sulah. Campurkan bahan.

d) Minyakkan sedikit loyang 9 kali 13 inci. Masukkan adunan kentang dan ratakan. Taburkan baki keju, baki bacon, dan baki bawang hijau di atas celup.

e) Bakar dalam ketuhar, tidak bertutup, selama 30 minit. Hidangkan bersama kerepek kegemaran anda.

22. Lobak dan Sawi Hijau dengan Babi Garam

Membuat: 8 HINGGA 10 Hidangan

BAHAN-BAHAN:
- 12 auns daging babi garam, dihiris
- 1 bawang kuning sederhana, dipotong dadu
- 10 hingga 12 cawan sup sayur-sayuran
- 3 tandan sayur sawi, bersihkan dan potong
- 6 tandan sayur lobak, bersihkan dan potong
- 2 sudu kecil garam perasa
- 1 sudu kecil lada hitam kasar
- 1 sudu kecil serpihan lada merah
- 1 sudu besar gula perang
- 2 lobak sederhana, dikupas dan dicincang

ARAHAN
a) Dalam periuk besar dengan api sederhana, masukkan hirisan daging babi garam. Masak selama 5 hingga 7 minit, atau sehingga ia keperangan, kemudian masukkan bawang. Masak selama 2 minit lagi.
b) Tuangkan sup sayur-sayuran dan perlahan-lahan mula menambah sayur-sayuran. Setelah semua sayur-sayuran berada di dalam periuk, taburkan garam perasa, lada hitam, dan kepingan lada merah. Beri semua kacau yang baik dan tambah gula.
c) Kecilkan api ke sederhana rendah, letakkan tudung di atas periuk, dan biarkan sayur-sayuran mendidih selama kira-kira 1½ jam.
d) Selepas masa berlalu, masukkan lobak yang dicincang dan masak selama 30 minit lagi. Hidangkan bersama roti jagung.

23.Flax Chips Nachos dengan Heirloom Tomato Salsa

Membuat: 4 Hidangan

BAHAN-BAHAN:
- 1 resipi Kerepek Flaks Masin
- 1 resipi Daging Kacang Taco
- 1 resipi Keju Chipotle
- 1 resipi Heirloom Tomato Salsa
- 1 buah alpukat masak, diadu dan potong dadu

ARAHAN
a) Himpunkan nacho anda dengan meletakkan Kerepek Flaks Masin di atas pinggan hidangan.
b) Teratas dengan daging taco, Keju, salsa dan alpukat.
c) Nikmati segera.

24. Kobis Rebus dengan Turki Asap

Membuat: 6 Hidangan

BAHAN-BAHAN:
- 8 cawan air rebusan ayam
- 1 sayap ayam belanda salai yang besar
- 2 sudu besar minyak zaitun extra-virgin 1 bawang besar kuning, dipotong dadu
- 1 kepala besar kubis hijau, dibilas, dicincang, dan daun luar dibuang
- 2 sudu kecil garam perasa
- ½ sudu teh lada hitam tanah
- ½ sudu teh serpihan lada merah

ARAHAN
a) Dalam periuk besar dengan api besar, masukkan air rebusan ayam dan sayap ayam belanda salai. Tutup periuk dengan penutup, dan biarkan sayap ayam belanda mendidih sehingga ia mula jatuh dari tulang, biasanya sekitar 45 minit.
b) Dalam kuali sederhana di atas api sederhana, gerimis dalam minyak zaitun. Masukkan bawang dan masak sehingga lembut, kira-kira 3 minit. Tutup api, kemudian tetapkan ke tepi.
c) Keluarkan penutup dari periuk dengan sayap ayam belanda dan masukkan kubis dan bawang. Taburkan garam, lada sulah, dan serpihan lada merah. kacau. Masak kubis selama kira-kira 20 minit, atau sehingga ia mencapai kelembutan pilihan anda.

25. Lamb Dan Burger Harissa dengan Lobak Pusaka

Membuat: 4 Hidangan

BAHAN-BAHAN:
- 500g kambing cincang
- 2 Sudu besar pes harissa
- 1 sudu besar biji jintan manis
- 2 tandan lobak pusaka
- ½ tandan pudina, daun dipetik
- 1 sudu besar cuka wain merah
- 80g keju Leicester merah, parut kasar
- 4 biji roti brioche, belah
- ⅓ cawan (65g) keju kotej

ARAHAN:
a) Alas dulang pembakar dengan kertas pembakar. Letakkan cincang dalam mangkuk dan perasakan dengan murah hati. Tambah 1 sudu besar harissa dan, dengan tangan yang bersih, gaul rata.
b) Bentuk campuran kambing menjadi 4 patties dan taburkan dengan biji jintan. Letakkan di atas dulang yang telah disediakan, tutup, dan sejukkan sehingga diperlukan (bawa patties ke suhu bilik sebelum memasak).
c) Sementara itu, satukan lobak merah, pudina, dan cuka dalam mangkuk dan ketepikan untuk memerap sedikit.
d) Panaskan kuali barbeku atau chargrill pada api sederhana tinggi. Patty panggang selama 4-5 minit pada setiap sisi atau sehingga kerak yang baik terbentuk. Teratas dengan keju, kemudian tutup (gunakan foil jika menggunakan kuali chargrill) dan masak, tanpa diputar, selama 3 minit lagi atau sehingga keju cair dan patties masak.
e) Bakar roti brioche, potong ke bawah, selama 30 saat atau sehingga dibakar ringan. Bahagikan keju kotej di antara asas bun, kemudian atas dengan campuran lobak merah jeruk.
f) Masukkan patties dan baki 1 sudu besar harissa. Tutup penutup, picit supaya harissa meleleh ke bahagian tepi dan tersangkut.

26. Acar Goreng

Membuat: 4 Hidangan

BAHAN-BAHAN:
- 1 (16 auns) balang kerepek acar dill, toskan
- 1 cawan tepung jagung kuning
- 1 cawan tepung naik sendiri
- 1 sudu kecil garam perasa
- ½ sudu teh lada hitam tanah
- ½ sudu teh paprika
- ½ sudu teh lada cayenne
- 2 biji telur, dipukul
- ¾ cawan minyak sayuran, untuk menggoreng

ARAHAN
a) Keringkan cip jeruk, kemudian letakkannya di atas lembaran pembakar yang dialas dengan tuala kertas.
b) Dalam mangkuk besar, satukan tepung jagung, tepung, garam perasa, lada hitam, paprika, dan cayenne. Gaul hingga sebati.
c) Salutkan kerepek acar dengan telur dengan mencelupkannya. Pastikan anda mengoncang lebihan . Kemudian masukkan cip acar ke dalam adunan tepung, dan pastikan ia bersalut dengan baik . Goncangkan lebihan tepung dan letakkan semula cip di atas loyang.
d) Dalam kuali yang besar, panaskan minyak sayuran hingga kira-kira 350 darjah F. Masukkan cip jeruk dan pastikan tidak terlalu sesak kuali. Goreng cip sehingga ia bagus dan keemasan, 2 hingga 3 minit.
e) Keluarkan cip dari minyak dengan sudu berlubang, dan biarkan sejuk di atas rak dawai. Hidangkan bersama sos pencicah kegemaran anda.

27.Kroket Salmon

Membuat: 6 Hidangan

BAHAN-BAHAN:
- 1 (14.75-auns) tin salmon, toskan
- 1 biji bawang kecil, potong dadu
- 1 biji telur
- ½ cawan serbuk roti kering biasa
- 1½ sudu teh serbuk bawang putih
- 1 sudu kecil garam perasa
- 1 sudu teh jus lemon
- ½ sudu teh lada hitam tanah
- ½ cawan minyak sayuran

ARAHAN

a) Dalam mangkuk adunan yang besar, satukan salmon, bawang, telur, serbuk roti , serbuk bawang putih, garam perasa, jus lemon dan lada hitam. Gaulkan bahan sehingga semuanya sebati. Bentuk campuran salmon menjadi patties, kemudian tetapkan ke tepi.

b) Dalam kuali besar dengan api sederhana, tuangkan minyak. Setelah minyak panas, masukkan beberapa patties dan goreng selama kira-kira 5 minit pada setiap sisi sehingga baik dan keemasan. Hidangkan dan nikmati untuk sarapan pagi, makan tengah hari atau makan malam!

28. Lada Sumbat Makanan Laut

Membuat: 6 Hidangan

BAHAN-BAHAN:
- 2 sudu besar minyak sayuran, ditambah lagi untuk pelinciran
- 3 lada benggala hijau besar, dibelah dua memanjang dan dibuang biji
- 6 auns campuran pembalut roti jagung yang dibeli di kedai, tanpa perasa
- ⅔ cawan bawang hijau dicincang
- ½ cawan daging ketam, dimasak
- ½ cawan daging udang, masak
- 1 biji telur
- 1½ sudu teh perasa Creole
- 1 sudu kecil bawang putih dikisar
- 4 sudu besar mentega masin, cair
- 2 cawan makanan laut atau stok ayam

ARAHAN

a) Panaskan ketuhar hingga 350 darjah F. Tuangkan sedikit minyak pada hidangan pembakar 9 kali 13 inci dan letakkan lada benggala ke dalam hidangan. Tuangkan minyak ke atas lada, letakkan loyang di dalam ketuhar, dan masak sehingga ia berwarna perang sedikit. Keluarkan lada dari ketuhar dan letakkan ke tepi.

b) Dalam mangkuk besar, satukan campuran sos, bawang hijau, ketam, udang, telur, perasa Creole dan bawang putih. Gaul sehingga semuanya sebati , kemudian masukkan mentega cair dan stok. Kacau adunan, kemudian biarkan selama 10 minit supaya adunan roti jagung dapat menyerap semua perisa.

c) Susun lada menghadap ke atas dalam hidangan pembakar dan sumbatkan dengan campuran sos makanan laut. Letakkan lada di dalam ketuhar dan masak selama 30 hingga 35 minit. Biarkan sejuk sebelum dihidangkan.

29.Churros dengan Gula Bunga Raya-Halia

Membuat: Kira-kira 15 churros

BAHAN-BAHAN:
doh CHURRO:
- ½ cawan air
- ½ cawan susu penuh atau susu oat
- ¼ cawan gula tebu atau gula pasir
- ½ cawan (1 batang) mentega tanpa garam
- 1 cawan Pusaka Jagung Kuning Masa Harina
- 1 sudu teh garam halal
- ½ sudu teh kayu manis tanah (pilihan)
- 2 biji telur besar
- 2 sudu teh ekstrak vanila
- Minyak biji anggur atau sayuran, untuk menggoreng

SALAT GULA HALIA HIBISCUS:
- 1 cawan gula pasir
- 2 sudu besar serbuk bunga raya (dari seluruh bunga kering, dikisar dalam pengisar atau pemproses makanan)
- 1 ½ sudu teh halia kisar

ARAHAN:
a) Dalam mangkuk adunan besar, satukan semua bahan untuk salutan gula Halia Bunga Raya. Gaul hingga sebati, dan ketepikan.
b) Dalam periuk di atas api sederhana tinggi, masukkan air, susu, gula dan mentega. Setelah mentega cair, keluarkan dari api dan masukkan masa harina, garam halal dan kayu manis yang dikisar (jika guna). Kacau kuat-kuat dengan senduk kayu sehingga menjadi doh yang tebal, dan tiada poket kering masa harina.
c) Pindahkan doh ke dalam mangkuk pengadun berdiri dan biarkan ia sejuk sedikit. Setelah ia sejuk sedikit, masukkan sebiji telur dan gaul pada kelajuan sederhana. Masukkan telur kedua dan kemudian ekstrak vanila.
d) Teruskan mengadun sehingga semuanya sebati sepenuhnya. Doh akan menjadi lebih gembur berbanding sebelum ini tetapi masih boleh paip. Pada ketika ini, sediakan minyak goreng anda.
e) Dalam periuk besar, seperti ketuhar Belanda, tambahkan minyak yang cukup untuk menutupi kira-kira 3 inci di bahagian atas. Tetapkan haba kepada sederhana-tinggi. Letakkan rak penyejuk di atas loyang besar dan ketepikan.

f) Pindahkan doh churro ke dalam beg pastri besar yang dilengkapi dengan hujung bintang tertutup. Jika anda bercadang untuk menyalurkan churros berbentuk hati, lapikkan loyang yang sesuai dengan peti sejuk anda dengan kertas parchment.

g) Paipkan hati pada parchment dan pindahkan ke dalam peti sejuk untuk mengeras selama kira-kira 30 minit sebelum menggoreng. Jika anda bercadang untuk menyalurkan churros terus ke dalam minyak goreng, tunggu sehingga minyak mencapai 375°F pada termometer yang dibaca segera.

h) Berhati-hati paip churros ke dalam minyak secara berkelompok, kira-kira 4 churros pada satu masa, untuk mengelakkan menurunkan suhu minyak terlalu banyak. Gunakan gunting dapur yang disembur dengan sedikit semburan masak untuk memotong churros dari beg pastri semasa anda menyalurkan paip.

i) Goreng churros selama kira-kira 3 minit pada satu sisi, kemudian balikkan dan teruskan menggoreng selama 2 - 2 ½ minit tambahan sehingga ia berwarna perang keemasan.

j) Pindahkan churros dari minyak ke loyang yang disediakan dengan rak penyejuk. Setelah churros telah kering sedikit daripada minyak, masukkannya ke dalam salutan Gula Halia Bunga Raya. Letakkannya semula di atas loyang semasa anda menggoreng churros yang lain.

k) Nikmati churros semasa ia masih hangat, kerana ia cenderung kehilangan kerangupannya selepas menyejukkan dengan ketara.

HIDANGAN SAMPINGAN

30. Kacang Hijau, Kentang, dan Bacon

Membuat: 6 Hidangan

BAHAN-BAHAN:
- 1 paun bacon hujung, dicincang
- 1 paun ubi kentang merah bayi, potong dua atau empat
- 1 paun kacang hijau yang dipotong segar
- 3 cawan air rebusan ayam
- 1 bawang kuning sederhana, dicincang
- 1 lada jalapeño besar, dicincang (pilihan)
- 1½ sudu besar bawang putih kisar
- ½ sudu teh lada hitam pecah

ARAHAN
a) Masukkan semua bahan ke dalam periuk perlahan 6 liter.
b) Hidupkan periuk perlahan dan tutup.
c) Masak selama 4 jam, kemudian hidangkan.

31. Pai Tomato Cheesy

Membuat: 8 Hidangan

BAHAN-BAHAN:
- Minyak sayuran, untuk pelinciran
- 3 sudu besar minyak zaitun extra-virgin
- 1 biji bawang besar kuning, potong dadu
- 2 paun tomato roma, dipotong dadu
- 2 sudu besar basil segar yang dicincang
- 2 sudu teh garam halal
- 1 sudu teh thyme segar yang dicincang
- ½ sudu teh lada hitam tanah
- 2 cawan mayonis
- 2 cawan keju cheddar tajam yang dicincang
- 1 cawan keju Havarti yang dicincang
- 2½ lengan keropok Ritz, dihancurkan, dibahagikan

ARAHAN
a) Panaskan ketuhar hingga 350 darjah F. Tuangkan sedikit minyak pada hidangan pembakar 9-kali-13 inci.
b) Dalam kuali tumis besar di atas api sederhana tinggi, gerimis dalam minyak zaitun. Setelah minyak panas, masukkan bawang dan masak sehingga lembut, 3 hingga 5 minit.
c) Seterusnya, masukkan tomato, basil, garam, thyme, dan lada sulah. kacau. Masak selama 15 minit, kemudian matikan api dan tetapkan kuali ke tepi.
d) Dalam mangkuk adunan yang besar, satukan mayonis, cheddar, dan Havarti. Mengetepikan.
e) Dalam hidangan pembakar, taburkan ⅓ keropok Ritz yang telah dihancurkan (simpan 1 cawan untuk topping!). Pastikan ia rata di bahagian bawah. Tuang separuh adunan tomato di atas keropok Ritz. Ulangi lapisan.
f) Teratas lapisan dengan campuran mayonis-dan-keju dan ratakan. Taburkan baki 1 cawan Ritz yang dihancurkan di atas. Bakar tanpa penutup selama 45 minit. Keluarkan dari ketuhar dan biarkan selama 15 minit sebelum dihidangkan.

32. Makanan Makaroni dan Keju

Membuat: 12 Hidangan

BAHAN-BAHAN:
- 1 sudu teh garam halal, untuk merebus pasta
- 1 paun pasta siku yang belum dimasak
- 4 sudu besar mentega tanpa garam
- 2 sudu besar tepung serba guna
- 1½ cawan setengah setengah
- 1 cawan susu sejat
- 4 auns krim keju
- 8 auns keju Gouda, dicincang atau dipotong dadu
- 8 auns keju Havarti, dicincang atau dipotong dadu
- 1 sudu teh garam perasa atau garam halal biasa
- 1 sudu teh paprika salai
- 1 sudu kecil serbuk bawang
- 1 sudu kecil serbuk bawang putih
- ½ sudu teh lada hitam yang baru dipecahkan
- 8 auns keju cheddar tajam, dicincang
- 4 auns keju mozzarella, dicincang
- 4 auns keju Colby Jack, dicincang

ARAHAN

a) Panaskan ketuhar hingga 350 darjah F.

b) Dalam periuk besar di atas api yang tinggi, tuangkan kira-kira 2 liter air dan taburkan garam halal. Didihkan air, kemudian masukkan pasta. Masak pasta sehingga al dente (masak tetapi masih pejal), kemudian toskan pasta dan bilas di bawah air sejuk. Kembalikan pasta ke dalam periuk dan letakkan ke tepi.

c) Letakkan periuk besar di atas api sederhana, kemudian masukkan mentega. Cairkan mentega sepenuhnya, kemudian taburkan tepung. Pukul bahan sehingga sebati, kemudian tuangkan setengah setengah dan susu sejat. Pukul bahan dan teruskan masak dengan api sederhana selama kira-kira 3 minit.

d) Kecilkan api, kemudian masukkan keju krim, Gouda, dan Havarti. Kacau adunan sehingga keju cair dan anda mendapat sos keju berkrim yang enak. Taburkan garam perasa, paprika, serbuk bawang, serbuk bawang putih, dan lada sulah. Gaul sehingga sebati.

e) Tuangkan sos keju ke atas pasta makaroni dalam periuk stok. Kacau semuanya sehingga sebati, kemudian tuangkan separuh daripada adunan makaroni dan keju ke dalam loyang 9 kali 13 inci. Taburkan separuh daripada cheddar tajam, mozzarella dan Colby Jack di atas mac dan keju. Seterusnya, masukkan baki makaroni dan keju ke dalam loyang dan tutup dengan baki keju.

f) Bakar makaroni dan keju selama 25 hingga 30 minit. Keluarkan dari ketuhar dan biarkan selama 5 hingga 10 minit sebelum dihidangkan.

33. Kentang Whipped Cheesy

Membuat: 8 HINGGA 10 Hidangan

BAHAN-BAHAN:
- 9 hingga 10 kentang russet sederhana, dibasuh, dikupas dan dicincang
- 6 cawan air rebusan ayam
- 6 sudu besar mentega masin
- 1 cawan setengah setengah
- 1½ cawan keju cheddar tajam yang dicincang
- 2 sudu teh garam halal
- ½ sudu teh lada hitam tanah

ARAHAN

a) Dalam periuk besar dengan api besar, masukkan kentang cincang dan air rebusan ayam. Rebus sehingga kentang empuk dan empuk, biasanya 15 minit. Toskan kuah dari kentang.

b) Dalam mangkuk besar, pukul kentang menggunakan pemukul atau pengadun pegang tangan sehingga ia baik dan tidak berketul. Masukkan mentega dan setengah setengah. Kacau bahan sehingga semuanya sebati.

c) Taburkan keju, garam dan lada sulah. Kacau kentang sehingga elok dan berkrim, kemudian hidangkan.

34. Keladi Bakar

Membuat: 6 HINGGA 8 Hidangan

BAHAN-BAHAN:
- 5 keladi sederhana, dibasuh, dikupas, dan dihiris kira-kira ½ inci tebal
- ½ cawan (1 batang) mentega masin
- 1 cawan gula pasir
- ¼ cawan gula perang
- 1 sudu teh kayu manis tanah
- ½ sudu teh pala tanah
- ¼ sudu teh bunga cengkih kisar
- ¼ sudu teh halia kisar
- 1 sudu besar ekstrak vanila

ARAHAN

a) Panaskan ketuhar hingga 350 darjah F. Dalam hidangan pembakar 9 kali 13 inci, susun keladi.

b) Dalam periuk sederhana dengan api sederhana, cairkan mentega. Setelah mentega cair , taburkan gula, kayu manis, buah pala, bunga cengkih dan halia. Tutup api, campurkan bahan, masukkan esen vanila dan kacau.

c) Tuangkan adunan gula-gula ke atas keladi, dan salutkan dengan teliti. Tutup loyang dengan aluminium foil dan bakar selama 30 minit. Keluarkan keladi dari ketuhar dan lumurkan dengan adunan gula-gula dalam hidangan. Kemudian tutup semula keladi dan bakar selama 15 hingga 20 minit lagi.

d) Keluarkan keladi dari ketuhar dan biarkan selama kira-kira 10 minit. Lumurkan lagi dengan adunan gula-gula sebelum dihidangkan.

35. Kentang dan Sosej yang telah disiram

Membuat: 6 Hidangan

BAHAN-BAHAN:
- ½ cawan minyak sayuran
- 1 paun sosej salai, dihiris
- 6 biji kentang russet sederhana, basuh, kupas dan hiris
- 1 biji bawang besar kuning, dihiris
- 1 lada benggala hijau besar, dihiris
- 2 sudu kecil serbuk bawang putih
- 2 sudu teh garam halal
- 1 sudu kecil lada hitam dikisar
- ¾ cawan air rebusan ayam
- Pasli segar yang dicincang, untuk hiasan

ARAHAN

a) Dalam kuali besar di atas api sederhana, panaskan minyak sayuran. Apabila kuali panas, masukkan sosej dan masak sehingga perang, 5 hingga 7 minit. Keluarkan sosej, simpan minyak dalam kuali.

b) Keringkan kentang, kemudian masukkan ke dalam kuali. Goreng selama 5 hingga 8 minit, atau sehingga lembut. Setelah kentang empuk dan empuk, masukkan bawang besar dan lada benggala. Taburkan serbuk bawang putih, garam dan lada sulah. kacau.

c) Masukkan air rebusan ayam dan toskan semula sosej salai ke dalam kuali. Kacau bahan. Masak sehingga semuanya baik dan empuk, dan kuahnya diserap oleh kentang . Hiaskan dengan pasli cincang.

36.Bendi dan Tomato

Membuat: 6 HINGGA 8 Hidangan

BAHAN-BAHAN:
- 2 sudu besar minyak zaitun
- ½ bawang kuning, potong dadu
- 3 ulas bawang putih, dikisar
- 2 (14.5-auns) tin tomato dipotong dadu
- 1 paun bendi segar, dihiris empat bahagian
- 1 sudu besar mentega masin
- 1 sudu besar gula perang
- 1½ sudu teh garam halal
- ½ sudu teh lada hitam tanah
- 2 tangkai thyme segar
- ½ cawan sup sayur
- 1 sudu besar tepung jagung

ARAHAN

a) Dalam periuk besar di atas api sederhana, tuangkan minyak zaitun. Setelah minyak panas, masukkan bawang besar dan masak selama 5 minit.

b) Masukkan bawang putih dan masak selama 1 minit sebelum masukkan tomato yang dipotong dadu. Pastikan tomato tidak ditapis. Anda mahu jus juga!

c) Masukkan bendi, mentega, gula, garam, lada sulah, dan thyme. Kacau bahan, kemudian masak selama 20 minit.

d) Tuangkan air rebusan sayur ke dalam cawan penyukat cecair, kemudian taburkan tepung jagung. Pukul sehingga tidak berketul dan masukkan ke dalam kuali bersama bendi dan tomato. Masak selama 5 minit, kemudian hidangkan dan nikmati!

37. Kacang Pinto dan Ham Hocks

Membuat: 8 Hidangan

BAHAN-BAHAN:
- 1 hock ham besar atau sayap ayam belanda salai
- 7 cawan air
- 3 cawan kacang pinto kering, diisih dan dibasuh
- 1 bawang kuning sederhana, dipotong dadu
- 1 sudu besar bawang putih kisar
- 2 sudu kecil garam perasa
- ½ sudu teh lada hitam tanah
- Bawang hijau dicincang, untuk hiasan (pilihan)
- 2 hingga 2½ cawan nasi kukus

ARAHAN
a) Masukkan ham hock, air, kacang, bawang merah, bawang putih, garam dan lada ke dalam periuk perlahan 6 liter.
b) Tetapkan pada ketinggian, tutup, dan masak selama 6 jam.
c) Setelah kacang siap , hiaskan dengan bawang hijau dan hidangkan di atas nasi.

38.Kacang Merah dan Beras

Membuat: 6 Hidangan

BAHAN-BAHAN:
- 1 (16 auns) beg kacang merah kering, diisih dan dibilas
- 6 cawan air rebusan ayam
- 2 sudu besar minyak zaitun extra-virgin
- 1 paun sosej andouille, dihiris
- kepingan ¼ inci
- ½ bawang merah sederhana, dipotong dadu
- ½ lada benggala merah sederhana, dipotong dadu
- 2 ulas bawang putih, dikisar
- 2½ sudu teh perasa Creole
- 1 sudu kecil lada hitam dikisar
- 2 tangkai thyme segar
- 3 cawan nasi kukus

ARAHAN

a) Dalam periuk besar dengan api besar, masak kira-kira 4 cawan air hingga mendidih. Masukkan kacang, tutup dan tutup api. Biarkan kacang selama 30 minit.

b) Apabila masa telah berlalu, toskan air dan tuangkan air rebusan ayam ke dalam periuk bersama kacang. Hidupkan api ke sederhana, tutup, dan reneh selama 20 hingga 25 minit.

c) Dalam kuali sederhana di atas api sederhana, gerimis dalam minyak zaitun. Setelah minyak panas, masukkan sosej dan masak sehingga perang, 5 hingga 7 minit. Masukkan bawang dan lada, dan masak selama 2 minit. Masukkan bawang putih. Masak selama 5 minit lagi, kemudian tutup api.

d) Masukkan sosej, bawang besar, lada, dan bawang putih ke dalam periuk bersama kacang. Taburkan perasa Creole dan lada hitam, dan masukkan thyme. Kacau bahan, dan reneh selama 1 jam 30 minit. Pastikan kacau sekali-sekala semasa kacang masak supaya tiada apa-apa yang hangus di bahagian bawah! Setelah siap, hidangkan bersama nasi kukus.

39. Kacang Lima Gaya Makanan

Membuat: 6 Hidangan

BAHAN-BAHAN:
- 1 (16 auns) kacang lima kering yang besar, dan dibilas
- ½ paun daging yang dipotong tebal
- ½ bawang kuning sederhana, dipotong dadu
- 1 sudu besar bawang putih kisar
- 6 cawan air rebusan ayam
- 2 sudu teh gula pasir
- 2 sudu teh garam halal
- ½ sudu teh lada hitam tanah
- Pasli segar yang dicincang, untuk hiasan

ARAHAN

a) Dalam periuk besar di atas api yang tinggi, masukkan kacang dan kira-kira 6 cawan air. Apabila air mula mendidih, matikan api dan biarkan kacang lima selama 30 minit. Kemudian toskan air keluar dari periuk dan letakkan kacang ke tepi.

b) Dalam kuali besar di atas api sederhana tinggi, masak bacon sehingga ia bagus dan garing. Keluarkan bacon dari kuali tetapi simpan bacon menitis dalam kuali. Masukkan bawang besar dan masak sehingga layu. Masukkan bawang putih dan masak selama 2 minit lagi, kemudian tutup api.

c) Letakkan periuk dengan kacang lima di atas api sederhana, dan tuangkan air rebusan ayam. Masukkan bawang besar dan bawang putih ke dalam periuk, dan kacau. Hancurkan bacon, kemudian taburkan gula, garam, dan lada sulah. Kacau bahan dan tutup periuk dengan penutup.

d) Reneh di atas api sederhana tinggi selama 35 hingga 45 minit, atau sehingga kacang bagus dan berkrim. Hiaskan dengan pasli dan hidangkan sahaja atau di atas nasi.

40.Kacang panggang

Membuat: 6 HINGGA 8 Hidangan

BAHAN-BAHAN:
- 1 sudu besar minyak sayuran, ditambah lagi untuk pelinciran
- ½ paun sosej salai, dipotong dadu
- ½ bawang merah, potong dadu
- 1 lada benggala hijau sederhana, dipotong dadu
- 1 tin (28 auns) daging babi dan kacang
- ¼ cawan sos tomato
- ¼ cawan gula perang
- 2 sudu besar mustard kuning
- 2 sudu besar sirap maple
- 2 sudu besar molase
- 1 sudu besar sos Worcestershire

ARAHAN

a) Panaskan ketuhar hingga 350 darjah F. Tuangkan sedikit minyak pada hidangan pembakar 9-kali-13 inci.

b) Dalam kuali besar di atas api sederhana tinggi, gerimis dalam minyak sayuran. Masukkan sosej salai dan masak sehingga keperangan. Masukkan bawang besar dan lada benggala. Masak hingga empuk, kemudian tutup api.

c) Dalam hidangan pembakar, masukkan daging babi dan kacang. Seterusnya masukkan sosej, bawang, lada benggala, sos tomato, gula, mustard, sirap maple, molase, dan sos Worcestershire. Gaul hingga sebati. Bakar tanpa penutup selama 1 jam, kemudian hidangkan.

41.Pembalut Roti Jagung

Membuat: 8 HINGGA 10 Hidangan

BAHAN-BAHAN:
- Minyak sayuran, untuk pelinciran
- 2 sudu besar minyak zaitun extra-virgin
- 1 biji bawang besar kuning, potong dadu
- 3 batang saderi, dihiris
- 5 ulas bawang putih, dikisar
- 5 helai daun sage segar, dicincang halus
- 1 batch roti jagung
- 1 lengan Ritz atau keropok saltine
- 4 hingga 6 cawan air rebusan ayam
- 1 tin (14 auns) krim sup ayam
- 3 biji telur, dipukul perlahan
- 2 sudu kecil garam perasa
- 1 sudu kecil lada hitam kasar
- 1 sudu teh thyme kering

ARAHAN

a) Panaskan ketuhar hingga 350 darjah F. Tuangkan sedikit minyak pada hidangan pembakar 9-kali-13 inci.

b) Dalam kuali nonstick yang besar di atas api sederhana, tuangkan minyak zaitun. Setelah minyak panas, masukkan bawang besar, saderi, dan bawang putih. Masak sehingga empuk dan empuk. Masukkan sage dan masak selama 2 minit lagi. Tutup api.

c) Dalam mangkuk adunan yang besar, hancurkan roti jagung dan keropok. Masukkan sayur-sayuran yang telah dimasak, sup ayam, krim sup ayam, dan telur. Gaul sebati. Taburkan garam perasa, lada sulah, dan thyme, dan gaul lagi.

d) Dalam hidangan pembakar, tuangkan campuran sos. Bakar tanpa penutup selama kira-kira 45 minit. Sejukkan sedikit sebelum dihidangkan.

42. Succotash

Membuat: 6 Hidangan

BAHAN-BAHAN:
- 1 paun kacang lima beku, dicairkan
- 3 cawan sup sayur
- 8 keping bacon yang dipotong tebal
- 2 cawan jagung beku atau segar
- ½ bawang merah sederhana, dipotong dadu
- ½ lada benggala hijau sederhana, dipotong dadu
- ½ lada benggala merah sederhana, dipotong dadu
- 2 sudu kecil garam perasa
- ½ sudu teh lada hitam tanah
- ¼ sudu teh serpihan lada merah
- 3 biji tomato roma kecil, potong dadu

ARAHAN

a) Dalam periuk sederhana dengan api besar, masak kacang lima dan sup sayur-sayuran sehingga mendidih. Rebus kacang lima selama kira-kira 10 minit, kemudian keluarkan kacang dari sup dan letakkannya ke tepi. Pastikan anda menempah 1 cawan kuahnya.

b) Letakkan kuali tumis besar di atas api sederhana dan masukkan bacon. Goreng bacon sehingga elok dan garing, kemudian keluarkan dari kuali. Tinggalkan lemak di belakang.

c) Dalam kuali yang sama, masukkan jagung dan goreng selama kira-kira 5 minit, kemudian masukkan bawang dan lada benggala. Goreng lebih kurang 2 minit lagi. Masukkan garam perasa, lada hitam, dan kepingan lada merah. Kacau bahan-bahan, kemudian masukkan kacang lima dan disimpan 1 cawan sup sayur-sayuran.

d) Potong bacon yang anda masak tadi dan masukkan ke dalam kuali. Masak selama 5 minit lagi, kemudian masukkan tomato. Kacau semuanya dengan baik sebelum dihidangkan.

43. Roti Jagung Manis

Membuat: 10 HINGGA 12 Hidangan

BAHAN-BAHAN:
- ½ cawan minyak sayuran, ditambah lagi untuk pelinciran
- 3 cawan tepung serba guna
- 1 cawan tepung jagung kuning
- 1 cawan gula pasir
- ½ cawan gula perang
- 1 sudu besar serbuk penaik
- 1 sudu teh garam halal
- 4 biji telur sederhana
- 2½ cawan susu penuh
- 1 cawan (2 batang) mentega masin, dilembutkan

ARAHAN

a) Panaskan ketuhar hingga 350 darjah F. Tuangkan sedikit minyak pada hidangan pembakar 9 kali 13 inci atau kuali besi tuang 12 inci.

b) Dalam mangkuk adunan yang besar, satukan tepung, tepung jagung, gula, serbuk penaik, dan garam. Setelah bahan kering sebati, masukkan telur, susu, mentega dan minyak sayuran. Gaul semua sehingga sebati.

c) Tuangkan adunan roti jagung ke dalam loyang atau kuali, dan bakar selama 35 hingga 40 minit. Hidangkan bersama Kacang Merah dan Nasi.

44. Hush Puppies

Membuat: 24 HUSH PUPPIES

BAHAN-BAHAN:
- 1 cawan tepung jagung kuning
- 1 cawan tepung naik sendiri
- 2 sudu besar gula pasir
- 1 sudu kecil serbuk bawang putih
- ½ sudu teh garam halal
- ½ sudu teh lada cayenne
- 1 biji bawang kuning kecil, dihiris halus
- 3 hingga 4 bawang hijau, dihiris halus
- 1 cawan buttermilk
- 1 biji telur
- 2 cawan minyak sayuran, untuk menggoreng

ARAHAN

a) Dalam mangkuk besar, satukan tepung jagung, tepung, gula, serbuk bawang putih, garam, dan lada cayenne. Pukul sehingga semuanya tidak berketul, kemudian masukkan bawang besar, mentega dan telur. Gaulkan bahan sehingga sebati, tetapi jangan terlalu banyak.

b) Dalam periuk besar di atas api sederhana, masukkan minyak. Setelah minyak panas, mulakan sudu dalam kira-kira 2 sudu besar adunan, 4 hingga 5 anak anjing pada satu masa. Goreng hush puppies sehingga berwarna perang keemasan, 3 hingga 4 minit. Keluarkan mereka dari minyak dan letakkannya di atas pinggan beralaskan tuala kertas sebelum dihidangkan.

45. Beras Merah

Membuat: 8 HINGGA 12 Hidangan

BAHAN-BAHAN:
- Minyak sayuran, untuk pelinciran
- 1 paun bacon, dicincang
- 1 paun sosej salai, dihiris
- Pusingan ½ inci
- 1 biji bawang merah besar, potong dadu
- 1 lada benggala hijau besar, dipotong dadu
- 3 cawan air rebusan ayam
- 6 auns pes tomato
- 1 sudu besar gula perang
- 2½ sudu teh garam perasa
- 2 sudu kecil serbuk bawang putih
- 1 sudu kecil lada hitam dikisar
- 2 cawan nasi belum masak
- 1 tandan bawang hijau, dicincang

ARAHAN

a) Panaskan ketuhar hingga 350 darjah F. Minyak sedikit hidangan kaserol 4 liter.

b) Dalam periuk besar di atas api sederhana, masak bacon sehingga ia baik dan garing. Keluarkan bacon dari periuk dan ketepikan, tetapi pastikan anda meninggalkan bacon menitis di belakang . Masukkan sosej salai ke dalam periuk dan masak selama kira-kira 5 minit. Kemudian masukkan bacon semula, bersama bawang dan lada benggala. Masak sehingga lembut, 3 hingga 5 minit.

c) Masukkan air rebusan ayam, pes tomato, dan gula. Kacau hingga sebati, kemudian taburkan garam perasa, serbuk bawang putih, dan lada hitam. Masukkan beras dan kacau lagi. Reneh selama 15 minit dengan api sederhana tinggi.

d) Dalam hidangan kaserol, masukkan adunan beras merah. Tutup dan masukkan ke dalam ketuhar selama 35 hingga 40 minit. Setelah selesai, keluarkan dari ketuhar, buka tutupnya dan kacau. Biarkan sejuk dan taburkan dengan bawang hijau sebelum dihidangkan.

46. Gulung Yis Tarik Terpisah

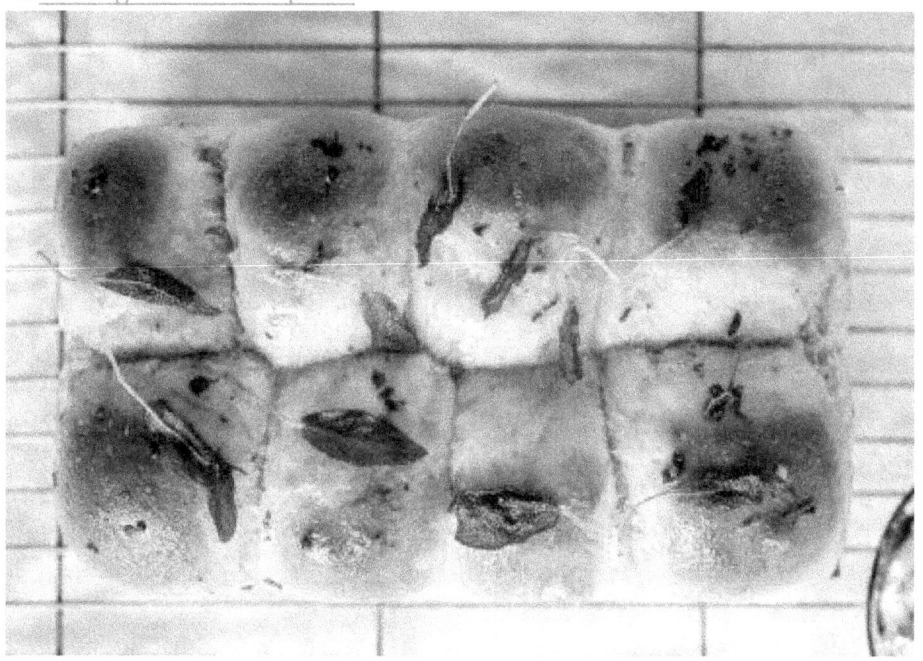

Membuat: 9 GULUNG BESAR

BAHAN-BAHAN:
- Minyak sayuran, untuk pelinciran
- 1¼ cawan air suam, dibahagikan
- ½ cawan gula pasir
- 5 sudu teh yis kering aktif
- ½ cawan susu penuh, suam
- 6 cawan tepung serba guna, tambah lagi untuk diuli
- 2 sudu teh garam halal
- 3 biji telur, pada suhu bilik, dibahagikan
- ½ cawan mentega tanpa garam, cair

ARAHAN

a) Lumurkan sedikit mangkuk besar dan loyang 9 kali 13 inci.

b) Dalam mangkuk sederhana, satukan ¼ cawan air suam, gula dan yis. Gaul dan biarkan selama 5 minit sehingga yis berbuih. Masukkan baki air suam dan susu suam, kemudian letakkan ke tepi.

c) Dalam mangkuk besar, ayak tepung dan garam. Mengetepikan.

d) Dalam mangkuk kecil, pukul 2 biji telur sedikit. Masukkan telur yang telah dipukul dan bancuhan yis ke dalam mangkuk bersama bahan kering. Campurkan semuanya menggunakan tangan anda, atau gunakan pengadun pegang tangan dengan lampiran cangkuk doh. Jika menggunakan pengadun pegang tangan, gaul pada kelajuan rendah.

e) Uli doh pada permukaan yang ditaburi sedikit tepung selama kira-kira 10 minit. Masukkan doh ke dalam mangkuk yang telah digris dan tutup dengan kain bersih atau tuala. Biarkan ia berehat selama 1½ jam di tempat yang hangat dan bebas draf.

f) Apabila doh telah mengembang, tebuk bahagian tengah untuk mengeluarkan angin. Kemudian asingkan dan bentukkan 9 gulung daripada doh. Letakkan gulung dalam hidangan pembakar, tinggalkan satu inci atau lebih antara setiap satu. Tutup dengan tuala bersih dan biarkan ia mengembang selama kira-kira 30 hingga 45 minit, pada masa itu gulung sepatutnya menjadi dua kali ganda saiznya. Panaskan ketuhar hingga 350 darjah F.

g) Asingkan kuning telur daripada baki telur, dan sapu putih telur di atas gulung. Bakar selama 15 hingga 20 minit, kemudian keluarkan gulung dari ketuhar dan sapu dengan jumlah mentega cair yang anda inginkan. Tarik gulung, hidangkan dengan lebih banyak mentega, dan nikmati.

SALAD DAN COLESLAW

47.Salad Cobb Ayam Bakar

Membuat: 6 Hidangan

BAHAN-BAHAN:
- 1 cawan mayonis
- ½ cawan buttermilk
- ½ cawan krim masam
- ½ cawan keju biru hancur
- 1 sudu teh sos Tabasco
- ¼ sudu teh lada hitam kasar
- 1 sudu kecil paprika
- 1 sudu kecil serbuk bawang putih
- ½ sudu teh garam halal
- ½ sudu teh lada hitam tanah
- ½ sudu teh lada cayenne
- 1 paun dada ayam yang dipotong nipis
- 2 sudu besar minyak sayuran
- 4 hati romaine, dicincang
- 2 biji tomato roma, dicincang
- ¼ cawan bawang hijau dicincang
- 6 keping daging masak, dicincang
- 3 biji telur rebus, dihiris
- 1 buah alpukat jumbo, dikupas dan dihiris
- ½ cawan crouton

ARAHAN

a) Dalam mangkuk sederhana, gabungkan mayonis, susu mentega, dan krim masam. Kacau hingga sebati dan sebati. Kemudian masukkan crumble keju biru, Tabasco, dan lada hitam. Gaul sehingga sebati dan sejukkan dressing blue cheese selama sekurang-kurangnya 2 jam.

b) Dalam mangkuk kecil, satukan paprika, serbuk bawang putih, garam, lada hitam, dan lada cayenne.

c) Letakkan ayam di atas pinggan dan taburkan campuran perasa ke seluruh. Tetapkan ke tepi.

d) Dalam kuali gril bersaiz sederhana di atas api sederhana, tuangkan minyak. Setelah minyak elok dan panas, masukkan ayam dan masak dada pada setiap sisi selama 8 minit. Keluarkan dari kuali dan hiris nipis bahagian dada ayam.

e) Dalam mangkuk besar, masukkan salad romaine, kemudian atas dengan tomato, bawang hijau, bacon, telur, dan alpukat. Masukkan crouton dan ayam. Hidangkan dengan dressing blue cheese.

48.Cawan Salad Ketam

Membuat: 4 Hidangan

BAHAN-BAHAN:
- 1 paun daging ketam masak, asli atau tiruan
- ½ cawan mayonis
- 2 batang saderi, potong dadu
- 1 biji bawang merah kecil, potong dadu
- 1 lada benggala merah kecil, dipotong dadu
- 1 ulas bawang putih, dikisar
- 1 sudu teh Perasa Teluk Lama
- 4 helai daun salad romaine kecil
- 2 sudu besar pasli segar yang dicincang

ARAHAN

a) Dalam mangkuk adunan yang besar, masukkan ketam, mayonis, saderi, bawang besar, lada, bawang putih, dan Perencah Old Bay. Kacau bahan.

b) Cedok campuran salad ke dalam daun salad romaine, dan tutup dengan pasli cincang sebelum dihidangkan.

49. Salad Louie Udang Layer

Membuat: 10 HINGGA 12 Hidangan

BAHAN-BAHAN:
- 3 biji hati selada romaine, dicincang
- 1 biji bawang merah besar, potong dadu
- 6 biji telur rebus, dikupas dan dihiris
- 6 biji tomato roma kecil , dicincang
- 3 buah alpukat besar, dikupas dan dihiris
- 3 paun udang masak kecil
- 2 cawan crouton
- Sos salad Pulau Seribu

ARAHAN
a) Dalam mangkuk besar, masukkan daun salad. Seterusnya masukkan lapisan bawang. Kemudian masukkan lapisan telur, lapisan tomato, lapisan alpukat, dan lapisan udang. Di bahagian atas, tambahkan lapisan crouton. Hidangkan dan nikmati dengan Thousand Island atau salad dressing kegemaran anda.

50.Salad Kacang Hitam Mata

Membuat: 6 HINGGA 8 Hidangan

BAHAN-BAHAN:
- 2 tin (14.5-auns) kacang polong hitam, toskan
- 8 keping daging masak, dicincang
- 2 biji tomato roma besar , dicincang
- 1 lada benggala hijau sederhana, dipotong dadu
- ½ bawang merah sederhana, dipotong dadu
- 2 sudu besar minyak zaitun extra-virgin
- 2 sudu teh sos panas
- ½ sudu teh lada hitam tanah
- 4 hati romaine, dicincang

ARAHAN
a) Dalam mangkuk besar, satukan kacang bermata hitam, bacon, tomato, lada benggala dan bawang.
b) Dalam mangkuk kecil, satukan minyak zaitun, sos panas, dan lada hitam. Gaul rata menggunakan whisk.
c) Tuangkan campuran minyak zaitun ke seluruh kacang bermata hitam. Masukkan romaine, kemudian campurkan bahan. Hidangkan bersama sos kegemaran anda.

51. Salad Kentang Selatan

Membuat: 6 HINGGA 8 Hidangan

BAHAN-BAHAN:
- 4 biji kentang russet besar, dikupas dan dicincang
- 3 biji telur rebus, dikupas
- ¼ cawan saderi dipotong dadu
- ¼ cawan bawang hijau dicincang
- 1½ sudu teh serbuk bawang
- 1 sudu teh lada hitam pecah
- 1 sudu teh garam halal
- 1 sudu kecil serbuk bawang putih
- ½ cawan mayonis
- ¼ cawan rasa manis
- ⅓ cawan hidangan dill
- 2 sudu besar mustard kuning
- 2 sudu besar jus jeruk dill
- Paprika (pilihan)

ARAHAN

a) Dalam periuk besar di atas api yang tinggi, rebus kentang sehingga ia bagus dan lembut, 10 hingga 15 minit. Setelah selesai, toskan air dan biarkan kentang sejuk sebelum dipindahkan ke mangkuk besar.

b) Hancurkan telur ke dalam mangkuk bersama kentang. Masukkan saderi dan bawang besar, dan kacau. Taburkan serbuk bawang merah, lada hitam, garam, dan serbuk bawang putih. Gaul rata, kemudian letakkan mangkuk ke tepi.

c) Dalam mangkuk kecil, gabungkan mayonis, hidangan, mustard, dan jus jeruk. Gaul rata, kemudian masukkan ke dalam kentang. Lipat semua bahan sehingga sebati , tutup dan sejukkan sehingga salad kentang elok dan sejuk. Hidangkan dengan tabur paprika di atasnya.

52. Salad Makaroni Makanan Laut

Membuat: 10 Hidangan

BAHAN-BAHAN:
- 1 sudu teh garam halal, untuk merebus pasta
- 3 cawan pasta siku kering (besar atau kecil akan berfungsi)
- 1 cawan mayonis
- ¼ cawan jus lemon
- 2 sudu besar mustard kuning
- 1 sudu teh perasa Cajun
- 1 sudu teh Perasa Teluk Lama
- 1 sudu kecil bawang putih dikisar
- 1 paun udang masak, dikupas
- 1 paun daging ketam tiruan
- ¼ cawan bawang hijau dicincang
- ⅓ cawan saderi dipotong dadu
- ½ cawan buah zaitun hitam yang dihiris
- 1 sudu besar serpihan pasli kering

ARAHAN

a) Dalam periuk sederhana dengan api besar, masak air dan garam sehingga mendidih. Masukkan pasta dan masak sehingga al dente. Toskan pasta setelah selesai, dan bilas di bawah air sejuk untuk menghentikan proses memasak.

b) Dalam mangkuk besar, gabungkan mayonis, jus lemon, dan mustard. Gaul hingga sebati. Kemudian taburkan perasa Cajun, Perasa Teluk Lama, dan bawang putih. Gaul sebati.

c) Masukkan makanan laut dan toskan atau kacau dalam mangkuk sehingga ditutup dengan sos. Masukkan bawang, saderi, zaitun, dan pasta. Lipat semua bahan, taburkan serpihan pasli kering, dan lipat lagi. Tutup pasta dan sejukkan sekurang-kurangnya 1 jam sebelum dihidangkan.

53. Coleslaw

Membuat: 8 HINGGA 10 Hidangan

BAHAN-BAHAN:
- 2 cawan mayonis
- ¼ cawan gula pasir (pilihan, jika mahu manis)
- 2 sudu teh mustard kuning
- 2 sudu teh garam halal
- ½ sudu teh lada hitam tanah
- 1 kepala besar kubis hijau, dicincang
- 2 lobak merah besar, dikupas dan dicincang

ARAHAN

a) Dalam mangkuk besar, satukan mayonis, gula, mustard, garam dan lada sulah.

b) Gaul hingga sebati, kemudian masukkan kobis dan lobak merah yang dicincang.

c) Tos sampai bersalut. Tutup mangkuk dan sejukkan selama sekurang-kurangnya 1 jam, atau sehingga sejuk, sebelum dihidangkan.

54.Sayur Kolard Makanan

Membuat: 6 Hidangan

BAHAN-BAHAN:
- 1 paun bacon hujung, dicincang, ditambah lagi untuk hiasan
- 1 biji bawang besar kuning, potong dadu
- 1 sudu kecil bawang putih dikisar
- 6 cawan air rebusan ayam
- 2 cawan air
- 4 paun sayur kolard, dibersihkan dan dipotong
- 1 sudu kecil garam perasa
- ½ sudu teh lada hitam tanah
- 1 lada jalapeño besar, dihiris
- 2 hingga 3 sudu besar cuka putih suling

ARAHAN

a) Dalam periuk stok di atas api sederhana, perangkan bacon.

b) Setelah bacon menjadi perang , masukkan bawang dan masak sehingga bawang mula berpeluh, 3 hingga 5 minit. Masukkan bawang putih dan masak selama 1 minit lagi.

c) Tuangkan air rebusan ayam, kecilkan api dan rebus selama 20 minit.

d) Tuangkan air dan kecilkan api ke sederhana. Mula menambah sayur kolar ke dalam periuk. Setelah semua sayur-sayuran dimasukkan , taburkan garam perasa dan lada hitam yang dikisar.

e) Masukkan jalapeño dan cuka yang dihiris, dan kacau bahan-bahan. Tutup periuk dan reneh selama 1 jam 10 minit dengan api sederhana, kacau sekali-sekala. Biarkan sejuk sedikit dan hiaskan dengan bacon tambahan sebelum dihidangkan.

55.Salad tomato dan nektarin pusaka

Membuat: 6

BAHAN-BAHAN:
- ¼ cawan minyak zaitun extra-virgin
- 3 sudu besar pistachio panggang yang dikupas
- 2 sudu besar cuka balsamic atau cuka balsamic putih
- 2 sudu teh madu
- 12 helai daun selasih segar, dicincang kasar
- 2 tangkai thyme segar, dicincang
- 1 ulas bawang putih, parut
- Serpihan lada merah dihancurkan
- Garam kosher
- 2½ cawan tomato ceri dibelah dua
- 2 nektarin, dipotong menjadi kepingan
- 2 bola keju burrata , koyak kasar
- 2 sudu besar daun kucai segar yang dicincang, untuk hidangan
- Garam laut serpihan, untuk dihidangkan

ARAHAN:
a) Dalam pemproses makanan, satukan minyak zaitun, pistachio, cuka, madu, selasih, thyme, bawang putih, kepingan lada merah, dan secubit garam dan nadi sehingga dikisar halus, kira-kira 1 minit.
b) Dalam mangkuk sederhana, satukan tomato dan nektarin. Masukkan puri pistachio, toskan hingga berbalut.
c) Biarkan perap pada suhu bilik selama 10 hingga 20 minit atau tutup dengan bungkus plastik semalaman di dalam peti sejuk.
d) Untuk menghidangkan, bahagikan salad sama rata di antara enam mangkuk dan letakkan setiap mangkuk dengan burrata koyak , daun kucai dan secubit garam serpihan.

SANDWICH DAN WRAPS

56. Keju Pimento dan Sandwic Tomato

Membuat: 8 HINGGA 12 Hidangan

BAHAN-BAHAN:

UNTUK TABURAN KEJU:
- ½ cawan mayonis
- 4 auns krim keju
- 3 cawan keju cheddar tajam yang dicincang
- 1 (4-auns) balang pimento yang dipotong dadu, toskan
- 1 sudu besar bawang kuning kisar
- 1 sudu kecil bawang putih dikisar
- 1 sudu teh sos Worcestershire
- ½ sudu teh lada hitam tanah

UNTUK TOMATO:
- 1 cawan tepung naik sendiri
- 1 cawan tepung jagung kuning
- ½ sudu teh garam halal
- ½ sudu teh lada hitam tanah
- 2 biji telur
- ½ cawan buttermilk
- 4 biji tomato hijau besar, dihiris setebal ½ inci
- 2 cawan minyak sayuran, untuk menggoreng
- 2 keping roti Perancis, dihiris separuh memanjang

ARAHAN

a) Dalam mangkuk besar, satukan mayonis dan keju krim, dan gaul sehingga sebati. Masukkan keju cheddar, pimentos, bawang merah, bawang putih, sos Worcestershire dan lada hitam. Gaul sehingga sebati, tutup mangkuk, dan sejukkan selama sekurang-kurangnya 6 jam.

b) Dalam mangkuk adunan sederhana, satukan tepung naik sendiri, tepung jagung, garam dan lada hitam. Gaul sehingga sebati dan ketepikan.

c) Dalam mangkuk adunan sederhana lain, satukan telur dan buttermilk, dan gaul rata.

d) Keringkan hirisan tomato dengan tuala kertas. Celupkan tomato ke dalam adunan telur, kemudian ke dalam adunan tepung. Biarkan tomato duduk selama 5 minit.

e) Dalam kuali besar di atas api sederhana, tuangkan minyak sayuran sehingga sedalam 2 hingga 3 inci. Masukkan tomato dan goreng hingga cantik dan keemasan, 3 hingga 4 minit.

f) Sapukan keju pimento pada separuh bahagian bawah roti Perancis, kemudian tutup dengan tomato goreng dan separuh atas roti Perancis. Potong sandwic individu dan hidangkan.

57.Keju Bakar Ketam dan Lobster

Membuat: 2 Hidangan

BAHAN-BAHAN:
- ½ cawan daging udang galah yang dimasak
- ½ cawan daging ketam masak
- 2 sudu besar mentega masin, cair
- 1 sudu teh Perasa Teluk Lama
- ½ sudu teh bawang putih kisar
- 4 keping roti bakar Texas bawang putih
- 4 keping tebal keju cheddar tajam
- 4 keping tebal keju Havarti

ARAHAN
a) Dalam mangkuk adunan yang besar, toskan udang galah, ketam, mentega cair, Perencah Old Bay dan bawang putih. Gaul rata, kemudian letakkan mangkuk ke tepi.
b) Letakkan dua keping roti bakar Texas di atas pinggan, dan atas setiap satu dengan sekeping cheddar dan Havarti. Bahagikan campuran makanan laut kepada separuh dan tambah separuh pada setiap keping roti bakar. Hiaskan makanan laut dengan baki keju dan kepingan roti.
c) Gunakan penekan sandwic atau kuali panas untuk memanggang setiap sisi sandwic sehingga ia berwarna perang keemasan dan keju cair. Hidangkan dan nikmati!

58. Slow Cooker BBQ Tarik Babi

Membuat: 6 Hidangan

BAHAN-BAHAN:
- 2 hingga 3 paun panggang bahu babi
- 1 sudu besar minyak sayuran
- 2 sudu besar asap cair
- 2 sudu teh cuka sari apel
- ¼ cawan gula perang gelap
- 2 sudu besar paprika salai
- 2 sudu teh garam halal
- 1 sudu kecil lada hitam dikisar
- 1 sudu teh serbuk mustard
- 1 hingga 1½ cawan sos BBQ hickory

ARAHAN
a) Pada lembaran pembakar yang besar, letakkan panggang dan tuangkan minyak sayuran di atasnya, diikuti dengan asap cair dan cuka.
b) Dalam mangkuk kecil, satukan gula dengan paprika, garam, lada sulah, dan serbuk mustard. Salut panggang dengan campuran rempah.
c) Letakkan panggang dalam periuk perlahan 6 liter dan tutup dengan penutup. Masak dengan api kecil selama 4 jam.
d) Cincang daging, dan tuangkan sos BBQ. Kacau, kemudian masak selama 2 jam tambahan (masih rendah). Kemudian hidangkan dan nikmati!

SUP, REBUS DAN KARI

59. Kerang, Udang, dan Sup Ketam

Membuat: 10 Hidangan

BAHAN-BAHAN:
- ½ paun bacon, dicincang
- 1 biji bawang besar kuning, potong dadu
- 2 lobak merah sederhana, dikupas dan dipotong dadu
- 2 batang saderi, potong dadu
- 2½ cawan stok makanan laut
- 2 biji kentang merah besar, kupas dan potong dadu
- 3 ulas bawang putih, dikisar
- ¾ cawan (1½ batang) mentega masin
- ¾ cawan tepung serba guna
- 2 cawan krim berat
- 2 cawan susu penuh
- 1 cawan kerang cincang
- ½ cawan daging ketam
- 2 sudu teh garam halal
- 1 sudu kecil lada hitam dikisar
- ½ paun udang mentah sederhana, dikupas dan dikeringkan
- 2 sudu besar pasli segar yang dicincang

ARAHAN

a) Toskan bacon ke dalam periuk besar, dan putar api ke sederhana. Masak bacon sehingga ia garing. Kemudian keluarkannya dari periuk, simpan lemak dalam periuk, dan letakkan bacon ke tepi.

b) Masukkan bawang, lobak merah, dan saderi ke dalam periuk. Masak sehingga empuk dan empuk, kemudian tuangkan stok makanan laut. Masukkan kentang dan bawang putih, dan reneh selama kira-kira 15 minit, masih dengan api sederhana.

c) Semasa itu memasak, dalam periuk sederhana, masukkan mentega dan cairkannya dengan api sederhana. Taburkan tepung dan pukul. Masak selama 3 minit, kacau berterusan, kemudian tuangkan krim dan susu. Pastikan pukul supaya ia tidak berketul!

d) Tuangkan adunan mentega dan tepung ke dalam periuk besar bersama bahan-bahan lain, dan kacau. Masukkan kerang, ketam, garam, dan lada hitam. Campurkan bahan, kemudian kecilkan api.

e) Masukkan udang dan bacon, dan kacau. Reneh selama 15 minit. Tutup dengan pasli segar sebelum dihidangkan.

60. Brunswick Stew

Membuat: 8 HINGGA 10 Hidangan

BAHAN-BAHAN:
- 6 cawan air rebusan ayam
- 2 cawan Slow Cooker BBQ Tarik Babi
- 2 cawan ayam cincang, masak
- 2 cawan kacang lima beku atau kering
- 3 biji kentang russet sederhana, dikupas dan dipotong dadu
- 1 (14-auns) boleh tomato dipotong dadu dalam jus tomato
- 1 biji bawang merah besar, potong dadu
- 1½ cawan kacang dan lobak merah beku
- 1½ cawan okra beku
- 1 cawan jagung beku
- 1 cawan sos BBQ hickory
- 3 ulas bawang putih, dikisar
- 2 sudu besar sos Worcestershire
- 2½ sudu teh garam perasa
- 1 sudu kecil lada hitam dikisar
- ½ sudu teh jintan halus

ARAHAN
a) Masukkan semua bahan ke dalam periuk perlahan 6 liter. Kacau sehingga semuanya sebati. Letakkan penutup pada periuk perlahan, dan tetapkan api pada perlahan.
b) Masak selama 5 jam, kemudian hidangkan. Sebarang sisa boleh disimpan dalam bekas kedap udara di dalam peti sejuk sehingga 5 hari.

61. Gumbo

Membuat: 8 HINGGA 10 Hidangan

BAHAN-BAHAN:
- 1¼ cawan minyak sayuran, dibahagikan
- 1 paun paha ayam tanpa tulang tanpa kulit
- 2 sudu teh garam perasa, dibahagikan
- 1½ sudu teh lada hitam tanah, dibahagikan
- 1 sudu teh perasa ayam
- 1 sudu kecil serbuk bawang
- 1 sudu kecil serbuk bawang putih
- 2 liter air rebusan ayam, dibahagikan
- 1½ cawan saderi cincang
- 2 lada benggala hijau besar, dicincang
- 1 bawang kuning besar, dicincang
- 2 sudu kecil bawang putih dikisar
- ½ cawan tepung serba guna
- 1 paun sosej andouille, dicincang
- 1 (14-auns) tin tomato dipotong dadu
- 3 hingga 4 daun salam
- ½ paun okra, dicincang
- 1 cawan udang kering
- 2 paun ketam raja Alaska
- 1 paun udang besar, dikupas dan dikeringkan
- 2½ sudu teh gumbo filé yang dikisar
- Pasli segar yang dicincang, untuk hiasan

ARAHAN

a) Dalam kuali sederhana dengan api sederhana, tuangkan ¼ cawan minyak sayuran. Setelah minyak panas, masukkan peha ayam ke dalam kuali. Perasakan ayam dengan 1 sudu teh garam perasa, ½ sudu teh lada hitam, perasa ayam, serbuk bawang merah dan serbuk bawang putih. Perangkap setiap sisi ayam, kira-kira 5 minit setiap sisi, kemudian tuangkan ½ cawan air rebusan ayam. Tutup kuali dan biarkan ayam masak sehingga betul-betul masak, kira-kira 15 minit. Setelah siap, keluarkan ayam dari kuali dan letakkan ke tepi di atas pinggan.

b) Dalam kuali yang sama, masukkan saderi, lada benggala, dan bawang, dan masak selama 2 minit. Masukkan bawang putih, dan masak sehingga sayuran elok dan lut sinar, kemudian padamkan api.

c) Dalam periuk besar di atas api sederhana, tuangkan baki 1 cawan minyak sayuran. Setelah minyak panas, mulakan taburkan tepung sedikit demi sedikit. Kacau secara berterusan untuk mengelakkan berketul dan masak sehingga roux bertukar menjadi warna coklat mentega kacang, kira-kira 30 minit.

d) Setelah roux elok dan berwarna perang, perlahan-lahan tuangkan baki air rebusan ayam. Masukkan sayur masak, ayam dan sosej. Kacau semuanya dengan baik, dan taburkan baki 1 sudu teh garam perasa dan 1 sudu teh lada hitam. Masukkan tomato dan daun bay. Kacau, tutup, kemudian masak selama kira-kira 20 minit.

e) Masukkan bendi cincang dan udang kering. Kacau, tutup, dan reneh selama 20 minit lagi.

f) Sekarang masukkan ketam. Pastikan ketam dan bahan-bahan lain ditutup dengan baik dengan kuahnya. Reneh selama 20 minit lagi, kemudian masukkan udang mentah. Kacau bahan dan kecilkan api.

g) Taburkan gumbo filé, kacau, dan masak selama 7 minit. Matikan api dan biarkan gumbo duduk selama beberapa minit. Hiaskan dengan pasli, dan hidangkan dengan nasi kukus atau roti jagung.

62.Shrimp Étouffée

Membuat: 4 Hidangan

BAHAN-BAHAN:
- ½ cawan mentega masin
- ½ cawan tepung serba guna
- 1 sudu besar minyak sayuran
- 1 lada benggala hijau besar, potong dadu
- ½ bawang sederhana, dipotong dadu
- 2 batang saderi, potong dadu
- 3 ulas bawang putih, dikisar
- 1 (14-auns) tin tomato dipotong dadu
- 1 sudu besar pes tomato
- 2 cawan air rebusan ayam atau stok makanan laut
- 2 tangkai thyme segar, ditambah lagi untuk hiasan
- 1½ sudu teh perasa Creole
- 1 sudu teh sos Worcestershire
- ½ sudu teh lada hitam tanah
- ½ sudu teh serpihan lada merah
- 2 paun udang jumbo mentah, dikupas dan dikeringkan
- 2 cawan nasi putih masak

ARAHAN

a) Dalam periuk besar di atas api sederhana, cairkan mentega. Setelah mentega cair , masukkan tepung dan pukul sehingga semuanya sebati. Masak roux sehingga ia mencapai warna coklat yang bagus dan kaya, 10 hingga 15 minit, tetapi pastikan untuk tidak membakarnya!

b) Masukkan lada benggala, bawang besar, saderi, dan bawang putih. Masak sehingga sayur-sayuran lembut, 3 hingga 5 minit. Kemudian masukkan tomato dadu dan pes tomato. Perlahan-lahan tuangkan kuahnya dan masukkan thyme segar. Gaul sehingga semuanya sebati , kemudian taburkan perasa Creole, sos Worcestershire, lada hitam dan kepingan lada merah. Kacau bahan, dan biarkan masak selama 5 minit dengan api yang sederhana tinggi.

c) Perlahan-lahan mula masukkan udang, dan kacau. Kecilkan api dan masak selama 5 minit lagi. Keluarkan tangkai thyme. Hiaskan dengan thyme dan hidangkan bersama nasi panas.

63. Rebus Ekor Lembu

Membuat: 6 HINGGA 8 Hidangan

BAHAN-BAHAN:
- ½ cawan tepung serba guna
- 3½ sudu teh garam perasa
- 2 sudu teh paprika
- ½ sudu teh lada hitam tanah
- 4 paun ekor lembu, dipotong lemak
- ¼ cawan minyak sayuran
- 1 bawang kuning besar, dicincang
- 1 (14.5-auns) tin tomato dipotong dadu
- 4 ulas bawang putih
- 3 tangkai thyme segar
- 3 daun salam
- 1 (6-auns) tin pes tomato
- 1 liter (32 auns) sup daging lembu
- 1 paun lobak merah bayi
- 1½ paun kentang merah bayi, dicincang

ARAHAN
a) Ambil beg beku ziplock besar , dan masukkan tepung, garam perasa, paprika dan lada hitam. Goncangkan beg untuk memastikan semuanya sebati. Mula menambah ekor lembu, satu demi satu, dan goncang beg untuk menyalutnya. Setelah ekor lembu disalut , letakkannya di atas pinggan atau loyang.
b) Dalam kuali besar di atas api sederhana, tuangkan minyak sayuran. Setelah minyak panas, mula masukkan ekor lembu. Perangkan semua permukaan ekor lembu, kira-kira 3 minit pada setiap sisi, kemudian keluarkan dari kuali dan masukkan ke dalam periuk perlahan 6 liter.
c) Toskan bawang ke dalam kuali dan masak sehingga layu. Masukkan ke dalam periuk perlahan dengan ekor lembu, bersama-sama dengan tomato, bawang putih, thyme dan daun bay.
d) Dalam mangkuk besar, satukan pes tomato dan sup daging, dan gaul sehingga sebati. Tuangkan campuran ini ke dalam periuk perlahan, tetapkan periuk perlahan pada tahap rendah, dan masak selama 6 jam.
e) Masukkan lobak merah dan kentang, kacau, dan masak selama 2 jam lagi. Kemudian hidangkan dan nikmati!

BBQ DAN GRILL

64. Po'boys Udang Bakar Keluarga

Membuat: 3 HINGGA 4 Hidangan

BAHAN-BAHAN:
- 1½ paun udang, dikupas, dikupas dan dibuang ekornya
- 2 sudu besar minyak zaitun extra-virgin
- 2½ sudu teh perasa hitam
- 1 sudu teh perasa Creole
- 1 sudu kecil bawang putih dikisar
- Minyak sayuran, untuk kuali pemanggang

UNTUK MAYONIS KREOL:
- 1 cawan mayonis
- 1 sudu besar bawang kuning kisar
- 2 sudu teh madu Dijon mustard
- 1½ sudu teh bawang putih kisar
- 1½ sudu teh perasa Creole
- 3 hingga 4 roti hoagie atau Perancis
- 2 tomato sederhana, dihiris
- 1 cawan daun salad yang dicincang

ARAHAN

a) Dalam mangkuk adunan yang besar, siramkan udang dengan minyak zaitun. Taburkan perasa hitam, perasa Creole dan bawang putih. Toskan udang hingga sebati, kemudian letakkan ke tepi.

b) Minyakkan sedikit kuali pemanggang dan letakkan di atas api yang sederhana tinggi. Setelah kuali panas, masukkan udang dan masak selama 5 hingga 7 minit. Keluarkan udang dari kuali, dan letakkan di atas pinggan bersih.

c) Dalam mangkuk sederhana, masukkan mayonis, bawang, mustard, bawang putih, dan perasa Creole. Gaul sebati.

d) Sapukan jumlah mayonis Creole yang anda inginkan pada kedua-dua belah gulung. Masukkan tomato di bahagian bawah hoagie, dan letakkan udang di atas. Hiaskan udang dengan daun salad yang dicincang, hidangkan dan nikmati!

65. Tulang Rusuk BBQ Dibakar Ketuhar

Membuat: 8 HINGGA 10 Hidangan

BAHAN-BAHAN:
- 6 paun rusuk gaya Saint Louis, membran dikeluarkan
- 2 sudu besar minyak sayuran
- ¼ cawan gula perang
- 2 sudu besar lada hitam yang baru dikisar
- 2 sudu besar paprika salai, manis atau biasa
- 2 sudu besar serbuk bawang
- 2 sudu besar serbuk bawang putih
- 1 sudu besar garam halal
- 2 sudu teh serpihan pasli kering
- 1½ sudu teh mustard kering
- 1½ sudu teh serpihan lada merah
- 1 sudu besar asap cecair hickory
- 1½ sudu besar cuka sari apel
- sos BBQ

ARAHAN
a) Panaskan ketuhar hingga 375 darjah F.
b) Dalam hidangan pembakar 9-kali-13 inci, masukkan tulang rusuk dan renjiskan minyak di seluruh bahagian depan dan belakangnya. Taburkan pada gula, lada hitam, paprika, serbuk bawang merah dan bawang putih, garam, pasli, mustard, dan kepingan lada merah. Siramkan asap cecair dan cuka ke atas tulang rusuk, dan sapu atau gosokkannya ke bawah sehingga ditutup dengan sempurna.
c) Tutup rusuk dengan aluminium foil, dan bakar selama 1 jam 20 minit. Keluarkan rusuk dari ketuhar dan keluarkan kerajang.
d) Sapu sos BBQ kegemaran anda pada tulang rusuk, dan hidupkan ketuhar pada panggang. Panggang tulang rusuk sehingga sosnya bagus dan melekit, 3 hingga 5 minit. Keluarkan dari ketuhar dan biarkan selama 5 minit sebelum dihidangkan.

66. Tulang Rusuk Goreng

Membuat: 8 Hidangan

BAHAN-BAHAN:
- 4 paun rusuk babi yang lebih lembut, membran dikeluarkan

UNTUK BRINE:
- 8 cawan air sejuk
- 4 sudu besar gula pasir
- 2 sudu besar garam halal

UNTUK TULANG rusuk:
- ½ cawan sos panas lembut
- 1½ cawan tepung naik sendiri
- 2½ sudu teh garam perasa
- 2 sudu kecil serbuk bawang
- 2 sudu kecil serbuk bawang putih
- 2 sudu teh paprika
- 1½ sudu teh lada hitam yang dikisar
- ½ sudu teh lada cayenne
- 2 cawan minyak sayuran, untuk menggoreng

ARAHAN

a) Potong tulang rusuk menjadi beberapa bahagian dan letakkannya dalam mangkuk besar. Tetapkan ke tepi.

b) Dalam mangkuk besar yang berasingan, satukan air, gula dan garam. Kacau sehingga garam dan gula larut, kemudian tuangkan air garam ke seluruh tulang rusuk. Tutup mangkuk dan sejukkan semalaman (6 hingga 8 jam), kemudian toskan. Sebaik sahaja anda mengeringkan air garam dari tulang rusuk, jangan bilasnya.

c) Tuangkan sos panas ke seluruh rusuk dan pastikan ia bersalut dengan baik. Tetapkan rusuk ke tepi.

d) Ambil beg penyejuk beku besar dan masukkan tepung, garam perasa, serbuk bawang, serbuk bawang putih, paprika, lada hitam dan lada cayenne. Goncangkan beg untuk memastikan semuanya sebati. Mula menambah rusuk pada beg dan goncang beg untuk menyalutnya. Ulangi proses goncangan dua kali untuk memastikan anda mempunyai salutan yang bagus! Letakkan rusuk bersalut pada lembaran pembakar.

e) Dalam kuali atau deep frying, tuangkan minyak secukupnya untuk menutupi tulang rusuk kira-kira ½ inci. Panaskan minyak hingga 360 darjah F.

f) Perlahan-lahan mula menambah rusuk. Jika anda menggunakan kuali, pastikan anda memusingkan tulang rusuk setiap 3 hingga 5 minit. Goreng setiap batch selama kira-kira 15 minit sehingga mereka berwarna perang keemasan. Setelah selesai, letakkan tulang rusuk yang digoreng pada lembaran pembakar yang dialas dengan tuala kertas. Hidangkan bersama sos pedas kegemaran anda.

67. Lada Limau dan Rusuk Desa Madu

Membuat: 6 Hidangan

BAHAN-BAHAN:
- Minyak sayuran, untuk pelinciran
- ¼ cawan mustard kuning
- 2 sudu besar gula merah
- 2 sudu besar bawang kuning kisar
- 1½ sudu besar lada lemon
- 1 sudu besar bawang putih kisar
- 2 sudu teh paprika
- 2 paun rusuk negara babi
- ¼ cawan madu
- 1 sudu besar tepung jagung

ARAHAN

a) Panaskan ketuhar hingga 325 darjah F. Tuangkan sedikit minyak pada hidangan pembakar 9-kali-13 inci, kemudian tetapkan ke tepi.

b) Dalam mangkuk kecil, satukan mustard, gula, bawang merah, lada lemon, bawang putih, dan paprika.

c) Dalam mangkuk besar atau pada permukaan rata, gosokkan campuran mustard ke seluruh rusuk. Masukkan tulang rusuk ke dalam loyang dan tutup dengan aluminium foil. Bakar dalam ketuhar selama 1 jam. Keluarkan dari ketuhar dan buka tutupnya.

d) Dalam mangkuk kecil atau cawan besar, tuangkan cecair dari bahagian bawah hidangan pembakar. Masukkan madu dan tepung jagung, dan gaul sehingga tidak berketul.

e) Tuangkan campuran madu ke atas tulang rusuk. Bakar sekali lagi dalam ketuhar, tidak bertutup, lagi 1½ jam, dan pastikan untuk merendam setiap 30 minit dengan cecair dari bahagian bawah kuali. Keluarkan dari ketuhar dan biarkan sejuk sebelum dihidangkan.

68. Slow Cooker Daging Babi Sumbat Bawang Putih

Membuat: 8 HINGGA 10 Hidangan

BAHAN-BAHAN:
- 3 hingga 4 paun daging babi panggang tanpa tulang
- 6 hingga 8 ulas bawang putih
- 1 cawan bawang hijau dicincang
- 1 (0.75-auns) bungkusan perasa ladang
- 1 sudu kecil lada hitam dikisar
- 2 cawan air rebusan ayam
- 1 paun lobak bayi
- 1 paun kentang merah, basuh dan potong

ARAHAN
a) Tusuk 6 hingga 8 lubang ke dalam panggang dan sumbat dengan ulas bawang putih. Letakkan panggang dengan berhati-hati ke dalam periuk perlahan 6 liter.
b) Masukkan bawang hijau, kemudian taburkan perasa ranch dan lada hitam di seluruh panggang. Tuangkan air rebusan ayam tadi. Tetapkan periuk perlahan pada suhu tinggi dan masak selama 2 jam.
c) Masukkan lobak merah dan kentang, kacau, dan masak selama 2 jam lagi. Hidang.

69. Brisket Daging Lembu Periuk Perlahan

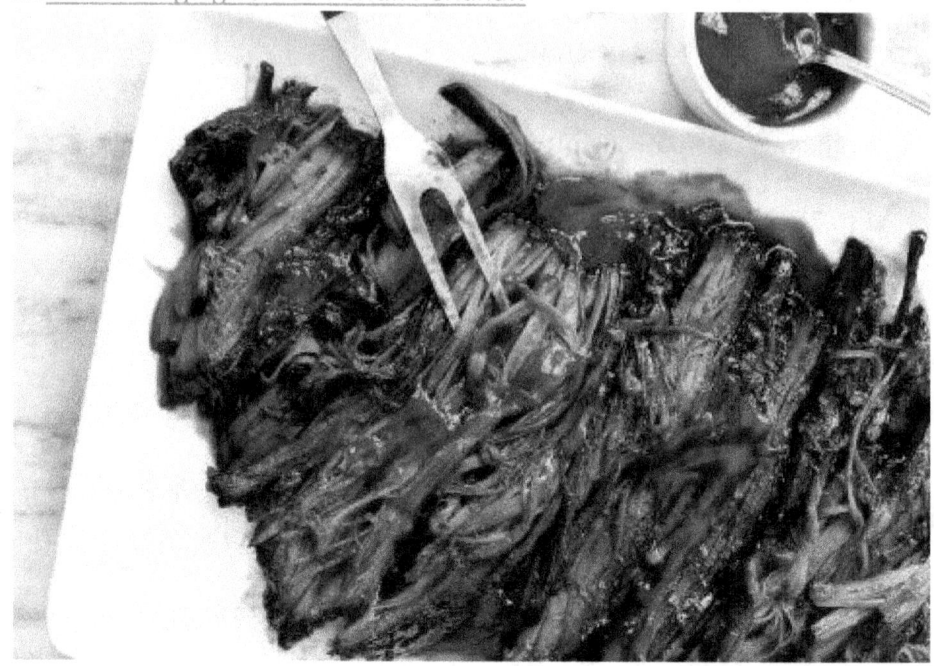

Membuat: 10 HINGGA 12 Hidangan

BAHAN-BAHAN:
- 2 sudu besar minyak zaitun extra-virgin
- 2 sudu besar cuka epal
- 1 sudu besar asap cair
- ½ cawan gula perang ringan
- 2 sudu besar serbuk bawang putih
- 2 sudu besar serbuk bawang
- 2 sudu besar paprika
- 1 sudu besar garam halal
- 1 sudu besar serpihan pasli kering
- 1 sudu kecil lada hitam dikisar
- 1 sudu kecil lada cayenne
- 7 hingga 8 paun brisket daging lembu

ARAHAN

a) Dalam mangkuk adunan kecil, satukan minyak, cuka, asap cair, gula, serbuk bawang putih dan bawang merah, paprika, garam, pasli, lada hitam dan cayenne menggunakan pukul. Gosok adunan ke seluruh bahagian dada.

b) Sembur periuk perlahan 6 liter dengan semburan masak nonstick dan letakkan brisket di dalamnya. Tetapkan periuk perlahan pada api yang rendah dan masak selama 12 jam.

c) Alaskan loyang 9 kali 13 inci dengan kerajang aluminium. Setelah brisket siap , keluarkan dengan berhati-hati dari periuk perlahan dan letakkan dalam hidangan pembakar yang disediakan. Hidupkan ketuhar pada panggang dan masak brisket sehingga "kulit kayu" (gosok) berwarna perang gelap, 3 hingga 5 minit.

d) Keluarkan brisket dari ketuhar, tutupnya dengan aluminium foil, dan biarkan ia berehat selama 1 jam sebelum dihidangkan.

70. Pemasak Perlahan Ekor Lembu Tersumbat

Membuat: 4 Hidangan

BAHAN-BAHAN:
- 2½ paun ekor lembu
- 2 sudu teh garam halal
- 1 sudu teh lada hitam yang baru retak atau dikisar
- 2 sudu besar sos Worcestershire
- 1¼ cawan tepung serba guna, dibahagikan
- ¾ cawan minyak sayuran
- 3 cawan sup daging lembu atau air
- 1 biji bawang besar kuning, dihiris
- 3 ulas bawang putih, dikisar
- Pasli segar yang dicincang, untuk hiasan

ARAHAN

a) Dalam mangkuk adunan yang besar, perasakan ekor lembu dengan garam dan lada sulah. Siramkan sos Worcestershire di seluruh bahagian, dan toskan ekor lembu untuk memastikan ia bersalut. Taburkan ¼ cawan tepung ke atas ekor lembu, dan toskan lagi untuk memastikan salutan sekata.

b) Dalam kuali tumis besar di atas api sederhana, tuangkan minyak sayuran. Setelah minyak panas, masukkan ekor lembu. Setelah ia elok dan berwarna perang, keluarkannya dari kuali, dan masukkan ke dalam periuk perlahan 6 liter semasa anda menyediakan kuah. Sekiranya terdapat kepingan daging yang hangus dalam kuali, tuangkan minyak, tapis, bersihkan kuali, kemudian tuangkan minyak yang telah ditapis semula ke dalam kuali.

c) Dengan api sederhana, mula masukkan baki 1 cawan tepung ke dalam kuali, hanya sedikit demi sedikit. Pukul berterusan. Setelah tepung berwarna perang, menyerupai mentega kacang chunky, tuangkan kuahnya perlahan-lahan. Pukul sambil tuang!

d) Pastikan semuanya tidak berketul, kemudian putar api dari sederhana ke tinggi. Apabila kuah telah mendidih, kecilkan api ke sederhana dan masukkan bawang besar dan bawang putih. Kacau kuah dan buat ujian rasa. Masukkan garam dan lada sulah secukup rasa.

e) Tutup api dan tuangkan kuah ke dalam periuk perlahan, menutup ekor lembu. Tetapkan periuk perlahan pada suhu tinggi dan masak selama 8 jam. Teratas dengan pasli dan hidangkan bersama kentang tumbuk atau nasi.

71. Bacon berbalut bebola daging

Membuat: 10

BAHAN-BAHAN:
- 1 bungkusan (26 oz.) Bebola daging
- 1 paket bacon , dihiris menjadi jalur
- 1 botol sos BBQ madu

ARAHAN :
a) Panaskan ketuhar hingga 400 darjah Fahrenheit.
b) Alas loyang 17" x 11" dengan kertas parchment.
c) Balut satu pertiga daripada kepingan daging di sekeliling setiap bebola daging dan kencangkan dengan pencungkil gigi.
d) Letakkan bebola daging yang dibungkus dalam satu lapisan di atas kertas parchment dan bakar selama 20-25 minit, atau sehingga bacon masak.
e) Keluarkan bebola daging dari kuali dan sapu dengan sos BBQ madu.
f) Karamelkan sos BBQ dengan mengembalikan bebola daging ke dalam ketuhar selama 5 minit tambahan.

UTAMA

72. Udang dan Tiram Goreng Cajun

Membuat: 4 Hidangan

BAHAN-BAHAN:
- 1 paun tiram segar
- 1 paun udang mentah jumbo, dikupas dan dikeringkan
- 2 biji telur, dipukul secara berasingan
- ¾ cawan tepung serba guna
- ½ cawan tepung jagung kuning
- 2 sudu teh perasa Cajun
- ½ sudu teh lada lemon
- 2 cawan minyak sayuran, untuk menggoreng

ARAHAN

a) Letakkan tiram dalam mangkuk sederhana, dan letakkan udang dalam mangkuk yang berasingan. Lumurkan telur ke atas udang dan tiram (1 biji telur setiap mangkuk) dan pastikan semuanya bersalut elok . Letakkan mangkuk ke tepi.

b) Dalam beg penyejuk beku ziplock yang besar , masukkan tepung, tepung jagung, perasa Cajun dan lada lemon. Goncang beg untuk memastikan semuanya bercampur dengan baik. Masukkan udang ke dalam beg dan goncang hingga berlapis, kemudian keluarkan udang dan letakkan di atas loyang. Sekarang tambahkan tiram ke dalam beg dan ulangi proses itu.

c) Dalam penggorengan dalam atau kuali, panaskan minyak sayuran kepada kira-kira 350 hingga 360 darjah F. Goreng udang sehingga ia berwarna perang keemasan, kira-kira 3 hingga 4 minit. Kemudian goreng tiram sehingga perang keemasan, lebih kurang 5 minit. Letakkan makanan laut di atas pinggan beralaskan tuala kertas untuk membantu menyerap sedikit minyak yang berlebihan. Hidangkan bersama sos pencicah kegemaran anda.

73.Salmon salai

Membuat: 6 Hidangan

BAHAN-BAHAN:
- 2 sudu besar gula perang gelap
- 1 sudu besar gula pasir
- 1 sudu besar serbuk bawang
- 1 sudu besar serbuk bawang putih
- 1 sudu teh garam halal
- 1 sudu kecil lada hitam kasar
- ½ sudu teh serpihan lada merah
- 2 paun fillet salmon, tanpa tulang dan tanpa kulit
- 2 sudu besar asap cair
- Minyak sayuran, untuk pelinciran
- Lemon wedges, untuk dihidangkan

ARAHAN

a) Dalam beg ziplock yang besar , masukkan gula, serbuk bawang merah dan bawang putih, garam , lada hitam dan kepingan lada merah. Tutup beg, kemudian goncang untuk memastikan semuanya sebati. Masukkan fillet salmon, dan tuangkan asap cair. Tutup beg dan goncang untuk memastikan salmon bersalut dengan baik . Letakkan beg di dalam peti sejuk selama 8 jam.

b) Panaskan ketuhar hingga 350 darjah F. Gris sedikit loyang bersaiz 9 kali 13 inci yang dialas dengan kertas minyak.

c) Ambil beg dari peti sejuk, keluarkan salmon, dan letakkan di dalam pinggan. Buang beg itu. Bakar salmon, tanpa penutup, selama 20 hingga 25 minit. Keluarkan dari ketuhar, dan biarkan ia sejuk. Hidangkan bersama lemon.

74. Ikan Keli Goreng

Membuat: 4 Hidangan

BAHAN-BAHAN:
- 2 paun isi ikan keli
- ¼ cawan mustard kuning
- 1 cawan tepung jagung kuning
- ¾ cawan tepung naik sendiri
- 2¾ sudu teh garam perasa
- 1½ sudu teh paprika
- 1 sudu kecil lada hitam dikisar
- 2 cawan minyak sayuran, untuk menggoreng
- Sos tartar dan hirisan lemon, untuk dihidangkan
- Pasli segar yang dicincang, untuk hiasan

ARAHAN

a) Salutkan ikan keli dengan mustard kuning dan letakkan di atas loyang. Tetapkan ke tepi.

b) Dalam beg penyejuk beku ziplock yang besar , masukkan tepung jagung, tepung naik sendiri, garam perasa, paprika dan lada hitam. Goncangkan beg untuk memastikan semuanya sebati, kemudian mula masukkan ikan keli. Pastikan ikan keli disalut dengan baik , kemudian keluarkan fillet dari beg dan letakkan di atas pinggan.

c) Panaskan minyak dalam penggorengan dalam atau kuali penggorengan anda hingga 350 hingga 360 darjah F, kemudian goreng ikan keli sehingga ia cantik dan berwarna perang keemasan (biasanya 10 minit, tetapi boleh menjadi beberapa minit lagi jika ikan pekat) . Jika anda menggunakan kuali, putar ikan setiap 3 hingga 5 minit. Keluarkan ikan dari minyak dan letakkan di atas pinggan beralaskan tuala kertas untuk membantu menyerap lebihan minyak. Hidangkan dengan sos tartar dan hirisan lemon, dan hiaskan dengan pasli.

75. Gulung Kubis Sumbat Jambalaya

Membuat: 6 HINGGA 8 Hidangan

BAHAN-BAHAN:
- 2 sudu besar minyak zaitun extra-virgin
- 1 paun sosej andouille, dicincang
- 1 lada benggala merah besar, potong dadu
- 1 lada benggala hijau besar, dipotong dadu
- 1 biji bawang merah besar, dihiris
- 1 (14.5-auns) tin tomato dipotong dadu, tidak dikeringkan
- 2 sudu besar pes tomato
- 5 ulas bawang putih, dikisar
- 2½ sudu teh perasa Cajun, dibahagikan
- 2 sudu teh thyme kering
- 2 sudu teh paprika
- 2 sudu teh sos Worcestershire
- 1½ sudu teh garam saderi
- 3 daun salam
- 6 cawan sup sayur-sayuran, dibahagikan
- 1½ cawan nasi putih yang belum dimasak
- 1 paun udang mentah sederhana, dikupas dan dikeringkan
- 1 kepala besar kubis, daun dikeluarkan secara berasingan
- Minyak sayuran, untuk pelinciran
- 1 cawan sos tomato dalam tin
- Garam kosher dan lada hitam, secukup rasa

ARAHAN

a) Dalam periuk besar di atas api sederhana, gerimis minyak. Setelah minyak panas, masukkan sosej dan masak sehingga keperangan. Keluarkan sosej dari periuk dan letakkan di tepi.

b) Seterusnya, masukkan lada dan bawang. Masak sehingga ia empuk dan lembut, kemudian masukkan tomato (bersama jus), pes tomato, dan bawang putih. Kacau hingga sebati. Masukkan 2 sudu teh perasa Cajun, thyme, paprika, sos Worcestershire, garam saderi, daun bay, dan 3 cawan sup sayur-sayuran. Kacau bahan, kemudian masukkan semula sosej ke dalam periuk, bersama nasi yang belum dimasak. Kacau lagi dan masak selama 25 hingga 30 minit, atau sehingga cecair diserap. Kemudian masukkan udang, kacau, dan angkat dari api. Tetapkan ke tepi.

c) Dalam periuk berasingan di atas api sederhana, masukkan daun kubis dan baki 3 cawan air rebusan sayur. Masak sehingga kubis empuk, kemudian toskan dan sejukkan.

d) Minyakkan sedikit hidangan pembakar. Balut kira-kira ¼ cawan jambalaya dalam setiap daun kubis dan letakkan gulung dalam hidangan pembakar. Tetapkan ke tepi.

e) Dalam mangkuk kecil, satukan sos tomato, baki ½ sudu teh perasa Cajun, garam dan lada sulah. Kacau sehingga sebati.

f) Tuangkan sos tomato ke seluruh gulungan kubis, kemudian tutup loyang dengan aluminium foil dan bakar dalam ketuhar selama 25 hingga 30 minit. Keluarkan dari ketuhar dan biarkan sejuk sebelum dihidangkan.

76. Spaghetti Bakar

Membuat: 10 HINGGA 12 Hidangan

BAHAN-BAHAN:
- 2 paun daging lembu kisar
- 1 paun sosej Itali yang dikisar
- 1 bawang kuning sederhana, dicincang
- 5 ulas bawang putih, dikisar
- 1 (45 auns) balang sos pasta chunky
- 1 sudu besar perasa Itali
- Garam kosher dan lada hitam, secukup rasa
- 1 paun spageti belum masak
- 12 auns keju cheddar tajam kuning, dicincang
- 6 auns keju cheddar tajam putih, dicincang

ARAHAN

a) Dalam kuali tumis yang besar dengan api sederhana, perangkan daging lembu dan sosej yang dikisar. Toskan lemak, kemudian masukkan bawang dan masak sehingga lut sinar, 3 hingga 5 minit. Masukkan bawang putih, sos pasta, perasa Itali, garam dan lada sulah. Kacau bahan dan kecilkan api ke bawah. Masak selama 10 minit.

b) Semasa sos mendidih, masak pasta spageti sehingga al dente. Toskan pasta, kemudian letakkan ke tepi.

c) Panaskan ketuhar hingga 350 darjah F.

d) Dalam hidangan pembakar 9 kali 13 inci, tambah satu pertiga daripada sos daging di bahagian bawah. Seterusnya masukkan separuh daripada pasta spageti, kemudian sos, diikuti dengan separuh daripada setiap keju. Ulangi proses melapis, berakhir dengan keju. Biarkan spageti terbuka dan bakar selama 30 hingga 40 minit. Sejukkan sedikit sebelum dihidangkan.

77. Steak Goreng Ayam dengan Kuah Sosej

Membuat: 4 HINGGA 6 Hidangan

BAHAN-BAHAN:
UNTUK STEAK:
- 2 cawan tepung naik sendiri
- ¼ cawan tepung jagung
- 2½ sudu teh garam perasa
- 1 sudu kecil serbuk bawang putih
- 1 sudu kecil serbuk bawang
- ½ sudu teh lada hitam tanah
- 1 biji telur
- 1½ cawan buttermilk
- 6 stik kiub (kira-kira 2 paun)
- 2 cawan minyak sayuran, untuk menggoreng

UNTUK KUAH SOSEJ:
- ½ paun sosej daging babi yang dikisar
- 2 sudu besar minyak sayuran (terpelihara daripada menggoreng)
- ⅓ cawan tepung serba guna 2 cawan susu penuh
- Garam kosher dan lada hitam, secukup rasa
- Bawang hijau, untuk hiasan

ARAHAN

a) Dalam beg penyejuk beku ziplock yang besar, satukan tepung, tepung jagung, garam perasa, serbuk bawang putih, serbuk bawang merah dan lada hitam. Goncangkan beg sehingga semuanya sebati, kemudian letakkan ke tepi.

b) Dalam mangkuk sederhana, satukan telur dan buttermilk dan gaul rata dengan pukul.

c) Celupkan setiap stik potong dadu dalam adunan buttermilk, kemudian letakkan stik dalam beg beku. Goncangkan beg sehingga stik bersalut dengan baik, kemudian keluarkan stik dari beg dan letakkannya ke tepi.

d) Tuangkan minyak sayuran ke dalam penggoreng dalam atau kuali yang mendalam, dan panaskan minyak hingga 350 hingga 360 darjah F. Goreng setiap stik selama kira-kira 5 minit, sehingga ia berwarna keemasan dan rangup. Keluarkan dari penggoreng dengan penyepit dan letakkan stik pada rak dawai.

e) Sementara itu, mulakan perangkan sosej babi dalam kuali besar dengan api sederhana, selama kira-kira 5 minit. Setelah sosej sudah keperangan, keluarkan sosej, tetapi biarkan sosej menitis dalam kuali.

f) Masukkan minyak sayuran ke dalam kuali dan taburkan tepung. Masak tepung selama 2 minit dengan api sederhana, dan pastikan pukul supaya ia tidak hangus. Tuangkan susu dan pukul. Pastikan tiada ketulan. Setelah kuah susu mula pekat, masukkan semula sosej ke dalam kuali, dan kacau.

g) Taburkan sedikit garam dan lada sulah secukup rasa, kacau dan tutup api. Hidangkan stik ayam goreng dengan kuah sosej di atas atau di tepi. Hiaskan dengan bawang hijau.

78. Daging Babi Goreng

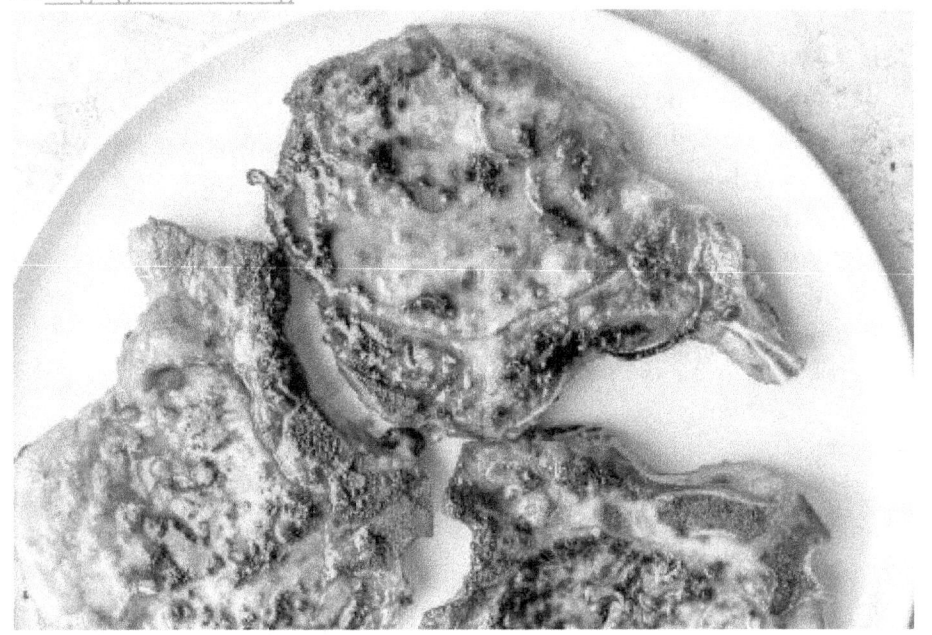

Membuat: 4 HINGGA 6 Hidangan

BAHAN-BAHAN:
- 4 hingga 6 potong daging babi yang dipotong nipis (kira-kira 1½ paun)
- 2 sudu besar tepung serba guna
- 2 sudu kecil garam perasa
- 1 sudu kecil serbuk bawang
- ½ sudu teh lada hitam tanah
- ½ sudu teh paprika
- ¼ sudu teh lada cayenne
- ¼ cawan minyak sayuran

ARAHAN
a) Letakkan daging babi di atas lembaran pembakar, kemudian tetapkan ke tepi.
b) Dalam mangkuk kecil, satukan tepung, garam, serbuk bawang, lada hitam, paprika, dan cayenne. Gaul sebati. Taburkan tepung berperisa di seluruh daging babi. Pastikan untuk mendapatkan kedua-dua belah pihak.
c) Tuangkan minyak sayuran ke dalam kuali besar di atas api sederhana tinggi. Setelah minyak panas, masukkan daging babi dan goreng setiap sisi selama 5 hingga 7 minit, atau sehingga perang keemasan. Keluarkan dari kuali, hidangkan dan nikmati!

79. Ayam Cornish Isi Apricot

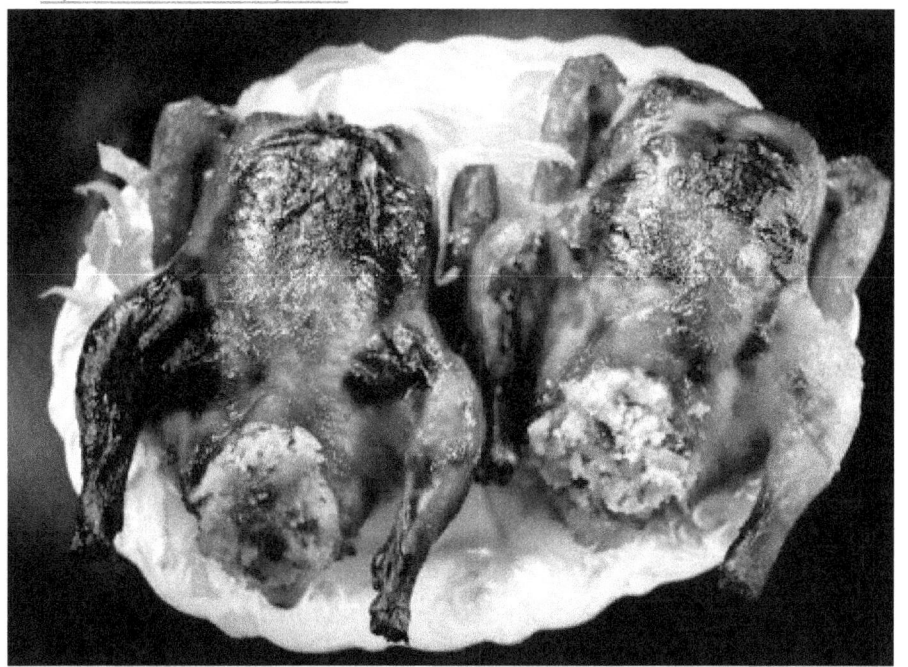

Membuat: 6 Hidangan

BAHAN-BAHAN:
- 3 cawan nektar aprikot, dibahagikan
- 3 sudu besar mentega
- 3 cawan campuran pemadat
- 3 sudu besar badam cincang
- 6 (1 paun) ayam jagung
- 1 sudu besar perasa ayam
- 1 1/2 sudu teh garam
- 2 sudu besar minyak sayuran
- Sayang

ARAHAN :
a) Panaskan ketuhar hingga 350 darjah Fahrenheit.
b) Satukan 1-1/2 cawan nektar dan mentega dalam periuk bersaiz sederhana dan biarkan mendidih dengan api sederhana.
c) Keluarkan kuali dari api dan pukul dalam campuran pemadat dan badam; tutup dan ketepikan selama 5 minit.
d) Masukkan 1/2 cawan adunan pemadat ke dalam setiap ayam.
e) Satukan perasa ayam , garam dan minyak dalam mangkuk kecil atau cawan dan gosok setiap ayam dengan teliti.
f) Letakkan burung dalam baki 1-1/2 cawan nektar di bahagian bawah kuali panggang yang besar.
g) Panggang selama 30 minit, kemudian lumuri dengan madu dan panggang selama 30 minit lagi, atau sehingga kulitnya keemasan.
h) Hidangkan titisan di tepi.

80.Lasagna Skuasy Butternut

Membuat: 12 Hidangan

BAHAN-BAHAN:
- 9 mi lasagna , masak
- 5 cawan ubi kentang tumbuk hangat, berpengalaman,
- 2 (12-auns) bungkusan skuasy butternut
- 1 1/2 cawan keju ricotta
- 1 sudu kecil serbuk bawang
- 1/2 sudu teh buah pala
- 1 sudu teh garam
- 1/2 sudu kecil lada hitam
- 1 cawan bawang goreng Perancis

ARAHAN :

a) Panaskan ketuhar hingga 350°F.

b) Menggunakan semburan masak, salutkan loyang 9 x 13 inci.

c) Gaulkan kentang, labu butternut, keju ricotta, serbuk bawang, pala, garam dan lada hitam bersama-sama dalam besen adunan yang besar.

d) Letakkan 3 biji mee di bahagian bawah loyang yang telah disediakan. Sapukan 1/3 adunan kentang ke atas mee. Ulangi lapisan dua kali lagi .

e) Bakar selama 45 minit dengan kerajang aluminium di atas; keluarkan foil dan bakar selama 8 hingga 10 minit lagi, atau sehingga perang dan panas.

81. Kaserol Kacang Hijau

membuat: 4 Hidangan

BAHAN-BAHAN:
- 1 (16 auns) beg kacang hijau, dicairkan
- 3 sudu besar tepung
- 1 3/4 cawan susu
- 1 (8 auns) bungkusan cendawan, dihiris
- 1/2 sudu teh garam
- 1/4 sudu teh lada hitam
- 1/4 cawan keju Gorgonzola hancur
- 1/2 cawan bawang goreng Perancis

ARAHAN :

a) Panaskan ketuhar hingga 350°F.

b) Menggunakan semburan masak, salutkan hidangan pembakar 2 liter.

c) Susun kacang hijau dalam loyang .

d) Dalam periuk sederhana, campurkan bersama tepung dan susu.

e) Masukkan cendawan, garam, dan lada; biarkan mendidih, dan masak, kacau selalu, selama 4 hingga 5 minit, atau sehingga sos pekat.

f) Campurkan keju, kemudian tuangkan ke atas kacang hijau. Kacau perlahan-lahan kacang.

g) Masak selama 15 minit.

h) Keluarkan dari ketuhar, tutup dengan bawang goreng Perancis, dan bakar selama 10 hingga 15 minit lagi, atau sehingga menggelegak.

82. Sup Musim Sejuk Parsnip

Membuat: 4-6 Hidangan

BAHAN-BAHAN:
- 1 ½ cawan bawang kuning – dihiris nipis
- 1 cawan saderi - dihiris nipis
- 16 auns sup sayur-sayuran
- 3 cawan bayi bayam
- 4 cawan parsnip dipotong dadu , dikupas dan dipotong dadu
- 1 sudu besar minyak kelapa
- ½ cawan santan

ARAHAN :
a) H makan minyak dalam kuali besar dengan api sederhana dan masak bawang dan saderi .
b) Masukkan parsnip dan sup dan biarkan mendidih.
c) Kecilkan api kepada perlahan dan tutup selama 20 minit .
d) Masukkan bayam, kacau rata untuk menggabungkan, keluarkan dari api, dan puri sup dalam kelompok kecil dalam pengisar sehingga halus.
e) Masukkan santan dan hidangkan segera.

83. Roulade With Bayam & Mushrooms

Membuat: 3 Hidangan

BAHAN-BAHAN:
- 1 cawan + 1 sudu besar minyak sayuran, dibahagikan
- 1 cawan bawang, dicincang halus
- 1 cawan cendawan perang, dicincang halus
- 3 dada ayam, tanpa tulang dan tanpa kulit
- 3 sudu teh lada hitam, dibahagikan
- 3 sudu teh garam, dibahagikan
- 3 sudu teh perasa Itali, dibahagikan
- 1 cawan bayi bayam, dicincang dan dibahagikan
- 2 biji telur, dipukul
- 1-2 cawan serbuk roti panko
- 3 Sudu Besar Sos Alfredo Berkrim

ARAHAN :

a) Dalam kuali, panaskan 1 sudu besar minyak di atas api sederhana tinggi. Masukkan bawang dan cendawan. Masak selama 2-3 minit, kacau kerap.

b) Tambah 1 sudu teh setiap lada hitam, garam, dan perasa Itali pada kedua-dua belah dada ayam.

c) Dengan menggunakan rolling pin, ratakan dada ayam dengan perlahan.

d) Pada helaian bungkus plastik segar, letakkan satu dada ayam. Di atas dada ayam, taburkan 13 cawan anak bayam.

e) Simpan 1-2 sudu teh campuran cendawan dan bawang, kemudian tutup dengan satu pertiga daripada baki campuran cendawan dan bawang.

f) Gulungkan ayam dengan ketat ke dalam log dan tutupkannya dengan bungkus plastik.

g) Letakkan gulungan ayam di dalam peti sejuk selama 30-60 minit untuk menyejukkan.

h) Keluarkan bungkus plastik dari gulungan ayam dan ketepikan.

i) Tuangkan telur ke dalam satu pinggan cetek dan serbuk roti panko ke dalam yang lain. Setiap gulungan ayam hendaklah dicelup dalam telur yang telah dipukul.

j) Akhir sekali masukkan panko dan salutkan sepenuhnya.

k) Dalam periuk di atas api sederhana, panaskan 1 cawan minyak selama 3-4 minit. Goreng gulungan ayam yang telah dilapisi tepung roti selama kira-kira 5 minit pada setiap sisi, atau sehingga perang keemasan.

l) Keluarkan gulungan ayam dari ketuhar dan tutup dengan sos Alfredo berkrim.

84. Pumpkin Chickpea Kelapa Curry

Membuat: 4-6 Hidangan

BAHAN-BAHAN:
- 2 sudu besar minyak zaitun
- ½ cawan bawang besar, potong dadu
- 3 ulas bawang putih, ditekan atau dikisar
- 1 sudu besar halia, parut
- 2 dan ½ cawan labu, dikupas dan dikupas
- 2 dan ½ sudu besar pes kari merah
- 1 - 14 oz. tin santan
- 2 cawan brokoli, potong bunga
- 1 cawan kacang ayam dalam tin
- ½ cawan gajus, tanpa garam
- 1 sudu besar jus limau nipis
- ¼ cawan ketumbar, dicincang

ARAHAN :
a) Dalam periuk besar, panaskan minyak dengan api sederhana. Masukkan bawang besar, halia, dan bawang putih. Tumis selama satu minit lagi, atau sehingga bawang lembut dan telus dan wangi.
b) Masukkan karipap dan labu. Masak seminit lagi.
c) Biarkan mendidih, kacau dalam santan. Kecilkan api kepada perlahan dan tutup. Masak selama 15 minit dengan api perlahan.
d) Masukkan brokoli dan teruskan masak, tanpa penutup, selama 5 minit lagi.
e) Masukkan kacang ayam, gajus, dan jus limau nipis dan kacau hingga sebati.
f) Hiaskan dengan daun ketumbar sebelum dihidangkan.

PENJERAHAN

85. Peach Cobbler

Membuat: 8 HINGGA 10 Hidangan

BAHAN-BAHAN:
- Minyak sayuran, untuk pelinciran
- ¼ cawan tepung serba guna
- ½ cawan air
- 2 (14.5-auns) tin dihiris pic dalam sirap berat
- ¾ cawan gula pasir
- ½ cawan (1 batang) mentega masin
- 1 sudu besar ekstrak vanila
- 1½ sudu teh kayu manis tanah
- ½ sudu teh halia kisar
- ¼ sudu teh pala tanah
- 2 keping pai yang dibeli di dalam peti sejuk

ARAHAN

a) Panaskan ketuhar hingga 350 darjah F. Gris sedikit loyang 8-kali-11 inci atau loyang bujur.

b) Dalam cawan penyukat cecair, masukkan tepung dan air, dan gaul. Tetapkan ke tepi.

c) Dalam periuk sederhana di atas api sederhana tinggi, masukkan pic, gula, mentega, vanila, kayu manis, halia, dan buah pala. Kacau bahan dan biarkan mentega cair sepenuhnya. Seterusnya, tuangkan campuran air dan tepung. Kacau dan masak selama 5 minit lagi.

d) Canai satu daripada doh pai dan potong segi empat sama 2 inci. Masukkan petak ke dalam loyang, kemudian tuangkan inti tukang kasut. Canai doh pai kedua. Atas tukang kasut dengan baki doh.

e) Sikat mana-mana baki isian tukang kasut dari periuk di atas tukang kasut. Bakar tukang kasut selama 35 hingga 40 minit. Sejukkan sedikit sebelum dihidangkan.

86. Kek Red Velvet

Membuat: 10 HINGGA 12 Hidangan

BAHAN-BAHAN:
- 2½ cawan tepung serba guna
- 2 sudu teh serbuk koko tanpa gula
- 1 sudu teh garam halal
- 1 sudu teh baking soda
- 2 biji telur, pada suhu bilik
- 1½ cawan gula pasir
- 1½ cawan minyak sayuran
- 1 cawan buttermilk, pada suhu bilik
- 1½ sudu teh ekstrak vanila
- 1 sudu teh cuka putih suling
- 1 auns pewarna makanan merah

UNTUK FROSS:
- 16 auns krim keju, dilembutkan
- 1 cawan (2 batang) mentega tanpa garam, dilembutkan
- 8 cawan gula halus
- 1 sudu besar susu penuh
- 2 sudu teh ekstrak vanila

ARAHAN

a) Panaskan ketuhar hingga 325 darjah F. Sembur dua kuali kek 9 inci dengan semburan penaik, atau gris dan tepungkannya.

b) Dalam mangkuk adunan yang besar, satukan tepung, serbuk koko, garam dan soda penaik dan ayak atau pukul bersama.

c) Dalam mangkuk sederhana, pecahkan telur dan pukul dengan pukul. Tuangkan gula, minyak, susu mentega dan vanila ke dalam mangkuk, dan gaul menggunakan pengadun pegang tangan pada kelajuan rendah sehingga semuanya baik dan berkrim.

d) Perlahan-lahan satukan bahan basah dengan bahan kering dalam mangkuk besar. Pastikan gaul pada kelajuan rendah! Setelah semuanya baru digabungkan, beralih daripada mencampurkan adunan kek dengan pengadun pegang tangan kepada melipatnya menggunakan spatula. Seterusnya, masukkan cuka dan pewarna makanan merah. Lipat sehingga semua adunan kek berwarna merah dan tiada coretan.

e) Tuangkan adunan kek yang sama banyak ke dalam setiap loyang kek. Goncang dan ketuk kuali untuk mengeluarkan sebarang buih udara, kemudian biarkan selama 5 minit. Bakar kek selama 25 hingga 30 minit. Keluarkan kek dari kuali kek dan letakkan di atas rak penyejuk.

f) Semasa kek sejuk, buat pembekuan. Dalam mangkuk besar, satukan keju krim dan mentega. Campurkan kedua-dua bahan bersama menggunakan pengadun pegang tangan, kemudian masukkan gula tepung 1 cawan pada satu masa secara perlahan-lahan. Masukkan susu dan vanila, dan gaul sehingga frosting bagus dan berkrim. Setelah kek benar-benar sejuk, bekukan.

87. Puding Roti dengan Sos Rum

Membuat: 8 HINGGA 10 Hidangan

BAHAN-BAHAN:
- Minyak sayuran, untuk pelinciran
- 3 cawan setengah setengah
- ½ cawan gula pasir
- ½ cawan gula perang
- 5 biji telur, dipukul perlahan
- 1 sudu besar ekstrak vanila
- 1½ sudu teh kayu manis tanah
- ½ sudu teh pala tanah
- 1 (16-auns) roti Perancis berusia sehari, dipotong dadu

UNTUK SOS RUM :
- 1 cawan krim berat
- 4 sudu besar mentega tanpa garam
- ½ cawan gula tepung
- 1 sudu besar tepung serba guna
- 2 sudu teh ekstrak rum

ARAHAN
a) Panaskan ketuhar hingga 350 darjah F. Gris sedikit loyang 9 kali 13 inci.
b) Dalam mangkuk adunan yang besar, satukan setengah setengah, gula, telur, vanila, kayu manis, dan buah pala, dan gaul sehingga sebati, kemudian tetapkan ke tepi.
c) Dalam hidangan yang disediakan, ratakan roti kiub, tuangkan adunan telur ke atas roti, dan biarkan selama kira-kira 25 minit. Bakar dalam ketuhar, tidak bertutup, selama 45 hingga 50 minit. Keluarkan dari ketuhar, kemudian biarkan sejuk.
d) Untuk membuat sos, tuangkan krim pekat ke dalam periuk besar di atas api sederhana. Masukkan mentega, gula halus dan tepung. Masak selama kira-kira 5 minit, atau sehingga sos pekat. Masukkan ekstrak rum, kemudian tutup api. Kacau, kemudian sudukan sos ke atas puding roti. Hidangkan dan nikmati!

88. Berry Cobbler Campuran dengan Biskut Gula

Membuat: 10 Hidangan

BAHAN-BAHAN:
- Minyak sayuran, untuk pelinciran
- 2 cawan strawberi segar, dihiris
- 2 cawan beri hitam segar
- 2 cawan beri biru segar
- 1 cawan gula pasir
- ¾ cawan air
- 2 sudu besar mentega tanpa garam
- 1 sudu besar ekstrak vanila
- 3 sudu besar tepung jagung

UNTUK TOPPING BISKUT:
- 2 cawan tepung serba guna
- ¼ cawan gula pasir
- 3 sudu besar serbuk penaik
- ½ sudu teh garam halal
- ¾ cawan mentega
- 5 sudu besar mentega tanpa garam sejuk, dicincang
- 2 sudu teh ekstrak vanila
- 2 sudu besar mentega tanpa garam
- 2 sudu besar gula kasar

ARAHAN

a) Panaskan ketuhar hingga 375 darjah F. Gris sedikit loyang 9 kali 13 inci.

b) Dalam periuk besar di atas api sederhana, gabungkan buah beri dengan gula, air, mentega dan vanila. Apabila buih mula terbentuk, cedok kira-kira ¼ cawan cecair dari periuk.

c) Dalam mangkuk kecil, satukan ¼ cawan cecair panas dengan tepung jagung dan gaul sehingga tidak berketul. Tuang semula bancuhan tepung jagung ke dalam periuk bersama beri dan kacau. Masak sehingga semuanya pekat, kemudian tuangkan adunan buah ke dalam loyang. Mengetepikan.

d) Untuk topping biskut, dalam mangkuk besar, satukan tepung, gula, serbuk penaik, dan garam. Pukul sehingga sebati. Masukkan buttermilk, mentega yang dicincang, dan vanila. Campurkan bahan. Cedok adunan biskut dan letakkan di atas inti beri.

e) Sapu biskut dengan mentega cair, kemudian taburkan pada gula kasar. Bakar dalam ketuhar, tidak bertutup, selama 30 hingga 35 minit. Keluarkan dari ketuhar, dan biarkan sejuk. Hidangkan dengan atau tanpa aiskrim.

89. Bar Lemon Mudah

Membuat: 12 Hidangan

BAHAN-BAHAN:
UNTUK BACAAN PENDEK:
- 1¾ cawan tepung serba guna
- ½ cawan gula pasir
- ¼ cawan tepung jagung
- ½ sudu teh pala tanah
- ¼ sudu teh garam halal
- 1 cawan (2 batang) mentega tanpa garam, dilembutkan
- **UNTUK PENGISIAN:**
- 1½ cawan gula pasir
- ¼ cawan tepung serba guna
- 4 biji telur, dipukul perlahan
- ½ cawan jus lemon yang baru diperah (dari kira-kira 3 biji limau besar)
- 2 sudu kecil kulit lemon
- Gula tepung, untuk habuk

ARAHAN

a) Panaskan ketuhar hingga 350 darjah F. Alaskan loyang 9 kali 13 inci dengan kertas minyak, dan sembur dengan semburan masak nonstick.

b) Dalam mangkuk adunan yang besar, pukul bersama tepung, gula, tepung jagung, buah pala dan garam. Masukkan mentega ke dalam adunan tepung, dan gaul menggunakan garfu hingga lumat.

c) Masukkan adunan ke dalam loyang yang telah disediakan dan tekan sehingga rata. Bakar asas roti pendek selama 20 hingga 25 minit, atau sehingga ia sedikit keperangan. Keluarkan dari ketuhar dan ketepikan.

d) Untuk membuat inti lemon, dalam mangkuk adunan besar, pukul gula dan tepung sehingga sebati. Masukkan telur, jus lemon, dan kulit limau, dan kacau dengan teliti. Tuangkan inti limau ke atas roti pendek.

e) Bakar selama 20 hingga 22 minit, sehingga inti lemon ditetapkan. Keluarkan dari ketuhar dan biarkan sejuk pada suhu bilik sebelum dimasukkan ke dalam peti sejuk selama 2 jam. Ayak sedikit gula tepung di atasnya sebelum dihidangkan.

90.Bar Kastard Telur

Membuat: 12 Hidangan

BAHAN-BAHAN:
UNTUK KERAK:
- Minyak sayuran, untuk pelinciran
- 1 paket wafer vanila yang telah dihancurkan
- 1 cawan (2 batang) mentega tanpa garam, dilembutkan
- ¾ cawan gula pasir

UNTUK KASTAD:
- 4 cawan susu sejat, dibahagikan
- 6 biji telur, dipukul perlahan
- ⅔ cawan gula pasir
- 2 sudu besar tepung serba guna
- 1 sudu teh ekstrak vanila
- ¼ sudu teh pala tanah

ARAHAN
a) Panaskan ketuhar hingga 325 darjah F. Gris sedikit loyang 9 kali 13 inci.
b) Dalam mangkuk besar, masukkan wafer vanila yang dihancurkan, mentega, dan gula. Gaulkan bahan tersebut sehingga sebati dan menyerupai pasir basah.
c) Taburkan campuran wafer vanila ke dalam loyang, tekan rata ke bahagian bawah hidangan. Tetapkan ke tepi.
d) Dalam periuk besar di atas api sederhana, panaskan 3 cawan susu sejat. Masak sehingga terbentuk buih, kemudian tutup api.
e) Dalam mangkuk adunan sederhana, satukan baki 1 cawan susu sejat dengan telur, gula, tepung, vanila, dan buah pala. Gaul hingga sebati. Perlahan-lahan tuangkan adunan telur ke dalam periuk bersama susu panas. Pukul sebati.
f) Tuangkan adunan kastard ke dalam loyang, atas kerak wafer vanila. Bakar dalam ketuhar selama 45 hingga 50 minit, atau sehingga kastard padat. Keluarkan dari ketuhar dan biarkan sejuk sebelum dihidangkan.

91. Pai Kentang Manis

Membuat: 10 HINGGA 12 Hidangan

BAHAN-BAHAN:
UNTUK KERAK:
- Minyak sayuran, untuk pelinciran
- 1¼ cawan tepung serba guna
- ¼ cawan mentega masin sejuk, dipotong dadu atau dicincang
- ¼ cawan pemendekan berperisa mentega
- 2 sudu besar gula pasir
- 1 sudu teh ekstrak vanila
- ½ sudu teh garam halal
- 1½ sudu besar air ais

UNTUK PENGISIAN:
- 3 ubi keledek sederhana, dikupas dan dicincang
- 1 cawan gula pasir
- 1 sudu teh kayu manis tanah
- ½ sudu teh pala tanah
- ¼ sudu teh halia kisar
- 2 biji telur
- ½ cawan susu sejat
- 1 sudu besar ekstrak vanila
- 1 cawan (2 batang) mentega masin, dilembutkan

ARAHAN

a) Panaskan ketuhar hingga 325 darjah F. Gris sedikit kuali pai 9 inci.

b) Dalam mangkuk adunan yang besar, satukan tepung, mentega, shortening, gula, vanila, garam dan air ais. Gaulkan bahan sehingga menjadi doh, kemudian balut dengan bungkus plastik dan simpan doh di dalam peti sejuk selama 1 hingga 2 jam.

c) Dalam periuk sederhana di atas api yang tinggi, masukkan ubi keledek dan kira-kira 4 hingga 6 cawan air. Rebus kentang hingga empuk. Setelah kentang siap , toskan air dan biarkan kentang sejuk.

d) Toskan ubi keledek yang telah disejukkan ke dalam mangkuk adunan yang besar, dan pukul sehingga kentang cantik dan berkrim. Taburkan gula, kayu manis, buah pala, dan halia. Campurkan bahan. Seterusnya, masukkan telur, susu sejat, vanila, dan mentega. Pukul sehingga adunan berkrim dan berangin. Letakkan mangkuk ke tepi.

e) Keluarkan doh dari peti sejuk, tepung permukaan rata, dan gulungkan doh. Letakkannya ke dalam kuali pai dan bakar kulit pai selama 7 hingga 10 minit.

f) Keluarkan cangkerang dari ketuhar, kemudian putar api sehingga 350 darjah F. Masukkan inti ubi keledek ke dalam kulit pai dan ratakan. Bakar pai selama 45 hingga 50 minit, sehingga inti ditetapkan. Biarkan pai sejuk pada suhu bilik sebelum dihidangkan.

92. Pai Susu Mentega Lama

Membuat: 10 HINGGA 12 Hidangan

BAHAN-BAHAN:
- Minyak sayuran, untuk pelinciran
- 3 biji telur
- 1¼ cawan gula pasir
- ½ cawan mentega tanpa garam, cair
- 4 sudu besar tepung serba guna
- 1 cawan buttermilk
- 1 sudu besar jus lemon
- 2 sudu teh ekstrak vanila
- ⅛ sudu teh buah pala yang dikisar
- 1 (9 inci) kerak pai yang dibeli di dalam peti sejuk

ARAHAN

a) Panaskan ketuhar hingga 325 darjah F. Gris sedikit kuali pai 9 inci.

b) Dalam mangkuk adunan besar, pukul telur. Masukkan gula, mentega, dan tepung. Gaul sehingga semuanya sebati. Tuangkan buttermilk dan kacau. Masukkan jus lemon, vanila, dan buah pala. Gaul sehingga semuanya bagus dan berkrim.

c) Tuangkan adunan ke dalam kulit pai, masukkan ke dalam kuali pai, dan bakar dalam ketuhar selama 1 jam dan 10 minit, atau sehingga inti ditetapkan. Biarkan sejuk sepenuhnya, selama kira-kira 45 minit, sebelum dipotong dan dihidangkan.

93. Kek Coklat Buttermilk

Membuat: 12 Hidangan

BAHAN-BAHAN:
- ½ cawan minyak sayuran, ditambah lagi untuk pelinciran
- 2 cawan tepung serba guna, tambah lagi untuk tepung
- ¾ cawan serbuk koko tanpa gula
- 2 sudu teh serbuk penaik
- 1½ sudu teh baking soda
- 1 sudu teh garam halal
- 2 cawan gula pasir
- 1 cawan susu mentega keseluruhan
- 2 biji telur besar
- 1 sudu besar ekstrak vanila
- 1 cawan kopi panas

UNTUK FROSS:
- 1½ cawan (3 batang) mentega tanpa garam, pada suhu bilik
- 5 cawan gula halus
- 1 cawan serbuk koko tanpa gula
- ¼ cawan kopi, pada suhu bilik
- ¼ cawan setengah setengah
- 2 sudu teh ekstrak vanila

ARAHAN

a) Panaskan ketuhar hingga 350 darjah F. Pelincir sedikit dan tepung dalam loyang 9 kali 13 inci.

b) Ayak tepung ke dalam mangkuk besar bersama serbuk koko, serbuk penaik, soda penaik, dan garam. Tuangkan gula, buttermilk, minyak, telur, dan vanila. Campurkan bahan dengan pengadun pegang pada kelajuan sederhana. Perlahan-lahan mula menambah kopi. Gaul pada kelajuan rendah sehingga bahan sebati.

c) Tuangkan adunan kek ke dalam loyang yang telah disediakan dan bakar kek selama 30 hingga 35 minit (atau sehingga masak). Keluarkan kek dari ketuhar dan biarkan sejuk.

d) Semasa kek sejuk, sediakan pembekuan. Krim mentega menggunakan pengadun pegang pada kelajuan sederhana. Kecilkan pengadun pada kelajuan rendah, dan masukkan gula dan serbuk koko perlahan-lahan. Gaul hingga sebati.

e) Tuangkan kopi dan separuh setengah dan gaul hingga sebati dan sebati. Seterusnya, masukkan vanila dan teruskan gaul sehingga frosting menjadi bagus dan berkrim. Setelah kek benar-benar sejuk, bekukan kek.

94.Kuih Pon Kelapa Lemon

Membuat: 10 Hidangan

BAHAN-BAHAN:
- Minyak sayuran, untuk pelinciran
- 3 cawan tepung serba guna, tambah lagi untuk tepung
- 1 paun (4 batang) mentega masin, pada suhu bilik
- 8 auns krim keju, pada suhu bilik
- 3 cawan gula pasir
- 6 biji telur
- 4 auns campuran puding lemon segera
- ¼ cawan kelapa parut manis
- 3 sudu besar jus lemon
- Perahan daripada 2 biji limau besar
- 2½ sudu teh ekstrak kelapa
- 2 sudu teh ekstrak vanila

UNTUK GLAZE:
- 1½ cawan gula tepung
- 3 hingga 4 sudu besar jus lemon
- 1 sudu teh perahan kelapa

ARAHAN

a) Panaskan ketuhar hingga 325 darjah F. Gris dan tepung dalam kuali Bundt.

b) Dalam pengadun berdiri atau mangkuk adunan besar dengan pengadun pegang tangan, krim mentega dan keju krim bersama-sama pada kelajuan sederhana selama kira-kira 2 hingga 3 minit. Masukkan gula dan mula masukkan telur. Gaul pada kelajuan sederhana sehingga sebati.

c) Masukkan tepung perlahan-lahan, sedikit demi sedikit. Kemudian masukkan adunan puding, kelapa parut, jus lemon dan kulit, ekstrak kelapa, dan vanila. Gaul adunan pada kelajuan sederhana sehingga berkrim.

d) Tuangkan adunan kek ke dalam loyang yang telah disediakan. Bakar selama 1 jam dan 25 minit, atau sehingga masak. Keluarkan kek dari ketuhar, dan biarkan ia sejuk sebelum mengeluarkannya dari kuali.

e) Semasa kek sejuk, sediakan sayu. Dalam mangkuk sederhana, gabungkan gula tepung, jus lemon, dan ekstrak kelapa, dan gaul dengan pemukul sehingga bebas berketul. Siramkan sayu ke seluruh kek, kemudian biarkan selama 5 minit sebelum dihidangkan.

95.Kek Span Ubi

Membuat: 16 Hidangan

BAHAN-BAHAN:
- 6 biji telur pada suhu bilik
- 1 cawan gula pasir
- 1 cawan ditambah 1 sudu besar tepung serba guna
- ½ sudu teh serbuk penaik
- ¼ sudu teh garam halal
- 3 sudu besar keledek tumbuk
- 1 sudu teh ekstrak vanila

ARAHAN

a) Panaskan ketuhar hingga 350 darjah F. Sembur dua kuali kek 9 inci dengan semburan penaik, atau gris dan tepungkannya.

b) Dalam mangkuk adunan yang besar, pukul telur dengan pengadun pegang tangan pada kelajuan tinggi selama 1 hingga 2 minit. Perlahan-lahan mula menambah gula, dan teruskan pukul telur sehingga ia pekat dan bagus dan gebu, kira-kira 5 minit.

c) Dalam mangkuk sederhana, satukan tepung, serbuk penaik, dan garam. Pukul bersama sehingga sebati. Letakkan mangkuk ke tepi.

d) Masukkan ubi keledek dan vanila yang telah dilenyek ke dalam mangkuk bersama telur gebu dan kacau, kemudian taburkan ke dalam adunan tepung. Perlahan-lahan lipat bahan sehingga sebati, tetapi jangan terlalu sebati.

e) Tuangkan adunan kek secara rata ke dalam setiap loyang kek. Bakar selama 25 hingga 30 minit. Keluarkan dari ketuhar dan letakkan kuali terbalik pada rak dawai. Biarkan sejuk selama 5 minit sebelum mengeluarkan kek dari kuali, kemudian biarkan kek sejuk sepenuhnya sebelum dihidangkan.

96.Kek Praline Bundt

Membuat: 12 Hidangan

BAHAN-BAHAN:
- 3 cawan tepung serba guna
- 1 sudu teh baking soda
- 1 sudu teh garam halal
- 1½ cawan gula perang
- 1½ cawan gula pasir
- 1½ cawan (3 batang) mentega tanpa garam, pada suhu bilik
- 5 biji telur besar
- 1 cawan buttermilk
- 1 sudu besar ekstrak vanila

UNTUK ICE:
- 5 sudu besar mentega tanpa garam
- 1 cawan gula perang
- 1¼ cawan gula tepung
- ¼ cawan susu sejat
- 1 sudu teh ekstrak vanila
- 1 cawan pecan cincang

ARAHAN

a) Panaskan ketuhar hingga 325 darjah F. Sembur kuali Bundt besar dengan semburan masak nonstick.

b) Dalam mangkuk adunan yang besar, ayak tepung, soda penaik, dan garam bersama-sama. Tetapkan ke tepi.

c) Dalam mangkuk besar yang berasingan, satukan gula dan mentega tanpa garam. Gaul hingga sebati dan berkrim, kemudian mula masukkan telur satu persatu. Gaul hingga sebati.

d) Masukkan susu mentega dan bahan kering secara bergantian ke dalam mangkuk dengan adunan mentega dan telur sehingga semuanya masuk. Pastikan gaul pada kelajuan rendah. Seterusnya, masukkan esen vanilla dan masukkan ke dalam adunan.

e) Tuangkan adunan kek ke dalam kuali yang disediakan dan goncang untuk menghilangkan sebarang poket udara. Bakar kek selama 1 jam hingga 1 jam dan 15 minit, sehingga ia berwarna perang keemasan. Keluarkan dari ketuhar dan biarkan sejuk dalam kuali selama 20 minit sebelum mengeluarkan kek dari kuali.

f) Untuk membuat aising, cairkan mentega dalam periuk sederhana dengan api yang sederhana tinggi. Masukkan gula merah dan gula halus. Tuangkan susu sejat, dan kacau. Biarkan buih selama 2 minit, kemudian tutup api. Masukkan vanila dan taburkan pecan. Masukkan bahan, kemudian biarkan selama 20 minit.

g) Tuangkan aising pecan ke seluruh kek, dan biarkan kek berdiri sekurang-kurangnya 30 minit sebelum dihidangkan.

97.Kek Keju Terbalik Nanas

Membuat: 12 Hidangan

BAHAN-BAHAN:
UNTUK KEK:
- ⅓ cawan minyak sayuran, ditambah lagi untuk pelinciran
- 4 sudu besar mentega tanpa garam, cair
- ½ cawan gula perang gelap
- 1 tin (20 auns) cincin nanas, dalam jus
- 10 hingga 12 ceri Maraschino
- 1 (15.25-auns) bungkusan campuran kek kuning
- 1 cawan nanas yang ditumbuk
- 3 biji telur besar, dipukul sedikit

UNTUK PENGISIAN:
- 24 auns krim keju, dilembutkan
- 1 cawan gula tepung
- ¼ cawan krim masam
- 3 biji telur
- 2 sudu besar tepung serba guna
- 1 sudu besar ekstrak vanila
- 1 sudu besar jus nanas

ARAHAN

a) Panaskan ketuhar hingga 350 darjah F. Minyak sedikit dua kuali springform 8 inci . Ketepikan satu, dan masukkan mentega cair dan gula perang kepada yang lain. Masukkan cincin nanas ke bahagian bawah kuali, kemudian masukkan ceri Maraschino di tengah cincin nanas. Letakkan kuali springform ke tepi.

b) Kosongkan adunan kek ke dalam mangkuk adunan besar dan pukul keluar ketulan. Masukkan nanas yang telah dihancurkan, minyak sayuran, dan telur. Gaul hingga sebati.

c) Bahagikan adunan, dan tuang separuh ke atas adunan nanas, ceri, dan gula perang. Tuangkan baki adunan ke dalam loyang springform kedua . Bakar kek selama 25 hingga 30 minit, atau sehingga siap. Biarkan kek sejuk.

d) Dalam mangkuk adunan yang besar, satukan keju krim, gula tepung dan krim masam. Gaul hingga sebati dan berkrim, kemudian mula masukkan telur. Masukkan tepung, vanila, dan jus nanas. Gaul hingga sebati.

e) Tuangkan inti kek keju ke atas kek dalam kuali springform . Balut bahagian bawah kuali dengan aluminium foil, dan masukkan ke dalam kuali pembakar. Buat mandi air dengan menuang kira-kira 2 hingga 3 inci air panas ke dalam kuali pembakar.

f) Letakkan kek di dalam ketuhar, dan bakar selama 1 jam hingga 1 jam dan 15 minit, sehingga inti ditetapkan.

g) Letakkan kek dengan nanas dan ceri di atas lapisan kek keju. Biarkan selama 10 minit sebelum dihidangkan.

98.Puding beras

Membuat: 4 HINGGA 6 Hidangan

BAHAN-BAHAN:
- 2 cawan separuh setengah, dibahagikan
- 1½ cawan nasi masak
- 2 sudu besar mentega tanpa garam
- 1 biji telur
- ⅓ cawan gula pasir
- 2 sudu teh ekstrak vanila
- ½ sudu teh kayu manis tanah
- ½ sudu teh garam halal
- ¼ sudu teh pala tanah
- ¼ cawan kismis

ARAHAN
a) Dalam periuk sederhana di atas api sederhana, gabungkan 1½ cawan separuh setengah dengan nasi dan mentega yang telah dimasak. Kacau bahan, dan reneh selama 15 minit.

b) Semasa itu memasak, gabungkan baki separuh setengah dengan telur, gula, vanila, kayu manis, garam dan buah pala dalam mangkuk sederhana. Gaul hingga sebati.

c) Selepas adunan nasi masak selama 15 minit, tuangkan adunan telur dan kismis dan kacau. Masak dengan api sederhana selama 5 minit. Tutup api dan kacau bahan. Hidangkan suam atau sejuk.

99. Keluarga Puding Pisang

Membuat: 8 HINGGA 10 Hidangan

BAHAN-BAHAN:
- 1 cawan gula pasir
- ⅓ cawan tepung jagung
- ½ sudu teh garam halal
- ¼ sudu teh pala tanah
- 3 cawan susu penuh
- 3 biji telur
- 2 sudu teh ekstrak vanila
- 1½ cawan krim pekat
- ⅔ cawan gula tepung, diayak
- 4 biji pisang masak besar
- 1 kotak (11 auns) wafer vanila
- 1 paket biskut Chessmen

ARAHAN

a) Dalam periuk besar, satukan gula, tepung jagung, garam dan buah pala. Ayak atau kacau bahan, kemudian tuangkan susu dan kacau sehingga sebati. Letakkan kuali di atas api sederhana dan masak selama kira-kira 15 minit. Kacau berterusan. Kecilkan api dan cedok kira-kira ½ cawan adunan susu panas.

b) Dalam mangkuk besar, pukul telur. Perlahan-lahan tuangkan ½ cawan adunan susu panas dan teruskan kacau. Dengan melakukan ini, anda perlahan-lahan menaikkan telur ke suhu, dan ini menghalang telur daripada masak apabila anda menambahnya ke dalam periuk.

c) Kembali ke atas dapur dan putar api ke sederhana. Kacau adunan susu panas dan masukkan adunan telur ke dalam periuk. Kacau berterusan dan masukkan esen vanila. Kacau dan masak selama 2 minit tambahan. Keluarkan dari api dan biarkan selama 2 minit. Tuangkan puding panas ke dalam mangkuk tahan panas.

d) Setelah puding telah sejuk sedikit, tutup dengan bungkus plastik. Pastikan bungkus plastik menyentuh puding. Ini menghalang puding daripada membentuk filem di atas. Biarkan puding duduk sehingga mencapai suhu bilik.

e) Semasa puding sejuk, sediakan krim putar. Tuangkan krim kental ke dalam mangkuk sederhana dan taburkan gula tepung. Campurkan bahan-

bahan dengan pengadun pegang pada kelajuan tinggi sehingga ia bertukar menjadi krim putar. Letakkan mangkuk ke tepi.

f) Apabila puding telah mencapai suhu bilik, potong pisang.

g) Dalam hidangan pembakar 9-kali-13 inci, tambahkan beberapa wafer vanila dan hirisan pisang di bahagian bawah, kemudian masukkan separuh daripada puding di atas. Ratakan lapisan puding, kemudian masukkan lagi lapisan wafer dan pisang. Masukkan lapisan terakhir puding, kemudian masukkan krim putar. Hiaskan puding dengan biskut Chessmen dan hidangkan. Tutup dan sejukkan sebarang baki.

100. Pai Periuk Ketam, Udang dan Udang Galah

Membuat: 6 Hidangan

BAHAN-BAHAN:
- 3 sudu besar minyak zaitun extra-virgin
- 2 biji kentang merah sederhana, dikupas dan dipotong dadu
- ½ bawang merah sederhana, dipotong dadu
- 1½ cawan kacang dan lobak merah beku, dicairkan
- ½ cawan mentega masin
- ½ cawan tepung serba guna
- 1½ cawan stok makanan laut
- 1 cawan susu penuh
- 1 cawan daging ketam ketul
- 1 cawan daging udang galah
- 1 cawan udang mentah sederhana, dikupas dan dikeringkan
- 2½ sudu teh perasa Creole
- 2 keping pai yang dibeli di dalam peti sejuk
- 1 biji telur, dipukul
- 1 sudu besar air

ARAHAN

a) Panaskan ketuhar hingga 425 darjah F.

b) Dalam kuali sederhana di atas api sederhana, masukkan minyak. Setelah minyak panas, masukkan kentang, dan masak sehingga empuk. Masukkan bawang dan masak selama 5 minit sebelum masukkan kacang polong dan lobak merah. Masak selama 3 minit lagi, kemudian tutup api, dan letakkan ke tepi.

c) Dalam periuk besar di atas api sederhana, cairkan mentega, kemudian taburkan tepung. Masak selama kira-kira 3 hingga 4 minit. Pukul dalam stok makanan laut dan susu. Masukkan sayur-sayuran, makanan laut dan perasa Creole, dan kacau perlahan-lahan.

d) Letakkan 1 kerak pai ke dalam bahagian bawah kuali pai dalam, kemudian tuangkan inti makanan laut ke dalam kulit pai. Letakkan kerak pai kedua di atas campuran makanan laut, dan picit bahagian tepi kerak untuk mengelak.

e) Dalam mangkuk kecil, campurkan telur dan air yang dipukul, kemudian sapu bahagian atas pai periuk dengan adunan. Bakar pai periuk selama 30 minit, tidak bertutup. Sejukkan sedikit sebelum dihidangkan.

f) Pai Periuk Ketam, Udang dan Udang Galah

KESIMPULAN

Sambil kami mengakhiri perjalanan kulinari kami melalui "DAPUR KUNO," saya berharap dapur anda telah menjadi tempat di mana tradisi dan inovasi bergabung, di mana aroma masa lalu menyemai setiap hidangan dengan rasa sejarah. Buku masakan ini lebih daripada koleksi resipi; ia adalah sambutan ketabahan dan kekayaan yang dibawakan oleh bahan-bahan yang dihormati masa ke meja kami.

Terima kasih kerana menyertai saya dalam menghidupkan semula tradisi melalui 100 hidangan yang kaya dan berperisa ini. Semoga dapur anda terus menjadi kanvas untuk penerokaan masakan, di mana legasi rasa melangkaui zaman. Sambil anda menikmati suapan terakhir hidangan ini, ingat bahawa anda bukan sekadar memasak; anda mengekalkan warisan masakan—yang boleh diwarisi kepada generasi akan datang.

Inilah kegembiraan memasak dengan bahan-bahan yang dihormati masa, kisah-kisah yang diceritakan melalui setiap reneh dan tumis, dan kepada tradisi yang menjadikan dapur kami bukan sahaja ruang makanan tetapi juga tempat perlindungan sejarah masakan. Selamat memasak!

www.ingramcontent.com/pod-product-compliance
Lightning Source LLC
Chambersburg PA
CBHW071322110526
44591CB00010B/994